どうしたら貯められますか？
将来の不安がなくなりますか？

お金の基本

について
藤野英人先生に聞いてみた

藤野英人 監修

Gakken

はじめに

私は、日本がいま大きな転換点を迎えていると考えています。長く続いた「デフレ」の時代が終わり、**「インフレ」の時代を迎えようとしているから**です。

インフレとは、物価が持続的に上がり続けることをいいます。読者のみなさんのなかにも、「最近、いろいろなものが値上がりして生活が少し苦しいな」と感じている人がたくさんいるのではないでしょうか。

ものの値段が上がるというのは、見方を変えれば「現金の価値が下がる」ことです。仮に、いままで1万円で買えていたものが2万円に値上がりしたとしましょう。これは、あなたが大切にしまっている1万円札の価値が半分になることを意味するわけです。

大切に貯めてきたお金の価値が、下がってしまう。

私たちは、長らくこのような状態を経験していません。日本ではバブルが崩壊してから30年以上にわたり、物価が持続的に下がり続ける「デフレ」の時代が続いていました。いま30代の方であれば、物心ついたころからずっとデフレのなかを生きてきたことになります。50代の方も、社会に出てからの大半の時間をデフレとともに歩んできたはずです。

未体験ゾーンに入ろうとしているいま、私は、**多くの人にとって「お金との向き合い方」の見直しが必要ではないか**と考えています。

たとえばみなさんは、「節約に励んでお金を貯めるのはいいことだ」と聞いて、どう感じるでしょうか？　古くから日本では質素倹約が美徳とされてきましたから、「お金を貯めるのがいいこと」といわれて、違和感を覚える人はきっと少ないことでしょう。実際、デフレのあいだはそれが「正解」だったのです。ものの値段が下がり続けており、お金を貯めておきさえすればその価値は高まっていきました。

しかしインフレのもとでは、お金をただ貯めておけば、価値がどんどん下がっていってしまいます。**節約に励んでお金を貯めることは、これからは「正解」とはいえなくなる**でしょう。

では、私たちはどうすればいいのでしょうか？

もしインフレで生活が苦しくなるのであれば、収入を増やすために転職したり起業したりすることが必要かもしれません。

また、お金をただ貯めておくのではなく、投資に一歩踏み出すこともおすすめです。インフレのもとでは、株式や不動産などの資産の値段も上がりやすく、投資をしている人としていない人の格差がどんどん広がっていくと考えられるからです。

「投資」という言葉を見て、抵抗を感じる方もいるでしょう。残念なことに、日本では「投資」に対する根強い偏見があります。

私は30年以上にわたり、多くの人からお金を集めて株式で運用する「ファンドマネージャー」という仕事をしてきました。投資の魅力を伝えるために大学で授業をしたりさまざまな場で講演をおこなったりもしてきましたが、そういった経験を通じて痛感しているのは、「汗をかいて働くことこそ素晴らしく、お金でお金を稼ぐ『投資』は卑しいことだ」と思っている人がとても多いということです。

しかし**投資には本来、明るい未来をつくるという素晴らしい力**があります。たとえば、お金はタンスにしまっておけばただの紙切れですが、そのお金を使って企業の株式を買えば、投資されたお金は企業の成長のために活用されます。企業が成長すれば、投資した人はその果実を得ることができますし、企業活動は社会全体を豊かにするのです。

「貯蓄は善で、投資は悪」。そんな思い込みから脱却するためにも、お金について考え、学ぶことが大切なのではないかと思います。

本書では、お金がどんな力を持つのか、どんな使い方があるのか、働いてお金を得るとはどういうことか、投資の本質などについてさまざまな角度からじっくり考えていきます。読み進めていただくうちに、きっとさまざまな気づきがあるでしょう。その気づきは、**きっと時代の転換点を乗り切って明るい未来に踏み出す力になるはず**です。

どうしたら貯められますか？　将来の不安がなくなりますか？
お金の基本について藤野英人先生に聞いてみた

目次

第1章　お金って何のために必要なんですか？

第2章 貯める前に、まずは正しい使い方を知ろう

第3章

お金を手にするために知っておきたい仕事のこと

第4章

明るい未来をつくる教養としての「投資」

第5章 お金を育てる「投資」を始めてみよう

第6章

知っておきたいお金の現在と未来

※本書の情報は2023年10月現在のものです。
また本書は、金融商品の推奨や投資勧誘を意図するものではございません。投資の判断は、ご自身の判断と責任でおこなってください。

Introduction

9割の人が知らない お金の正体

当たり前のようにそばにあるけれど、じつはよくわかっていない――お金って、そんな存在ではありませんか？　たとえばなぜ日本人はお金を汚いものととらえがちなのか？　お金にできることは何なのか？　お金を知るための有効な教育とは？　お金について考えることで見えてくるものとは？

そもそも、お金って何ですか？

水と同じように無色透明なもの

お金とは何か。この禅問答じみた問いに対する答えは、さまざまでしょう。生きていくうえで必要不可欠のもの。たくさんあればうれしく、少ないと不安になるもの。ものの価値を表すツール……。

いろいろな答えが考えられますが、お金を物体として見れば、紙幣は紙片であり、硬貨は銅や亜鉛やニッケルなどの合金にすぎません。

紙幣は丈夫な紙でできていますが、日常の実用性という点では、ティッシュペーパーのほうが上かもしれません。

500円硬貨は7グラムほどのニッケル黄銅でできていますが、その原価は20円足らずといわれます。それを500円の価値があるものとして定めているだけのことです。

つまり、お金とは実体があるようでないもの。いってみれば本来、無色透明な概念にすぎません。

無色透明というと水を思い浮かべますが、水は無色透明ゆえに、いかようにも色をつけることができます。じつはお金もそれと同じです。色がついていないからこそ、**人それぞれの考え方や生き方がお金に反映される**わけです。

すなわち、お金との向き合い方や使い方を見れば、その人の生き方がわかるといってもいいでしょう。

お金とは、その人の生き方を映し出す鏡にほかならず、お金について考えることは人生を考えることとイコールであるといえます。

POINT
お金とは実体があるようでないもの。

お答えしましょう!

お金とは無色透明の「概念」です。だからこそ、人それぞれの考え方や生き方が反映されるものでもあります。

■お金とは何か?

お金との向き合い方には人それぞれの考え方や生き方が反映されている。

KEYWORD

硬貨と紙幣…… 日本でつくられたもので、現存する最古の硬貨は、7世紀後半の富本銭。現存する最古の紙幣は、1623年に伊勢国で発行された山田羽書(やまだはがき)。

なぜ日本人はお金を汚いものととらえがちなのでしょうか？

お答えしましょう！

「豊かになるのは汚れることだ」という、間違った「清貧の思想」の解釈の影響が大きいでしょう。

■ 清貧の思想

粗末な庵を結び、持ち物は鉢ひとつ。托鉢に回り、命をつなぐのに必要な分だけ食べるといった良寛さんのような生き方を「清貧」という。

清らかで豊かに生きる道があってよいはず

残念なことに日本人の多くは、お金というものをネガティブにとらえています。世間のお金持ちに対して、うらやましいと思う半面、どんなことをやってあんなに儲けたのだろう、といった色メガネで見てしまいがちです。とくに投資は嫌われやすく、お金でお金を儲けるのは卑しいことだという観念が根強くあります。

こうした、お金は汚らわしいものだとするとらえ方のベース

POINT

「清貧の思想」は豊かさを否定しているわけではない。

■ 清豊の思想へ

清貧の思想		誤　解		清豊の思想
私欲なく清らかに貧しく暮らす	→	豊かになるのは汚れること	→	清らかで豊かに生きる

これからは清らかで豊かに生きる「清豊の思想」をめざすべき。

にあるのは何か。それは「清貧の思想」だと私は考えています。

粗末な庵《いおり》を結び、持ち物は鉢ひとつ。それを持って托鉢に回り、命をつなぐのに必要な分だけ食べる。そんな生涯を送った江戸時代の僧、良寛《りょうかん》さんのような生き方を美徳とする日本人ですが、困ったことに、本来の意味とは異なる「清貧の思想」の解釈が根づいています。

もともと清貧とは、私欲なく清らかに貧しく暮らすという意味です。そこから、いつのまにか「豊かになるのは汚れることだ」という解釈がひとり歩きするようになったのです。

清らかであるためには豊かであってはならず、貧しくあらねばならない。日本人がそう思い込んでいるとしたら、大いなる誤解というべきでしょう。

清らかで豊かに生きる「清豊の思想」こそ、私たちがめざすべきものだと思います。

KEYWORD

清貧の思想……バブル崩壊後の1992年に刊行されベストセラーになった中野孝次の著書。現世の栄達を否定し、心の豊かさを求める、良寛らの生き方を紹介した。

お金の正体 3

お金にできることとは何ですか？

POINT
消費という行動は、一種の投資活動である。

個々の消費は社会を創造する行為

お金はいろいろな意味で個人を豊かにしてくれますが、豊かにするのは個人ばかりではありません。

たとえば、以前から欲しかったブランドもののネクタイを買ったとします。それを手に入れたあなたは、同時に小さな幸福を手に入れたことになります。お気に入りのネクタイを締めれば、満足感も手伝って自分が少しイイ男になったような気さえするかもしれません。

その一方で、あなたがネクタイを買って満足することによって、その製造業者や販売店も喜びます。あなたのようなファンが増えればさらに潤い、喜びも大きくなっていきます。

つまり、**消費というのは個人の行動ですが、それによって他者も豊かにする**ことができるのです。とくに自分の気に入ったものにお金を使うことは、その商品を提供している企業を応援するのと同じです。コンビニで適当に選んだ清涼飲料水を買うのとは違い、**これは気に入ったからぜひ欲しいと思って買う意識的な消費は、一種の投資活動である**ともいえます。

したがって、その商品のファンが増えれば増えるほど、その企業は発展し、次なる新商品を世に出していくことになります。デフレ時代に急成長したユニクロは、その商品を支持する消費者が多かったから、あれだけ発展したわけです。

個々の消費は、じつは社会を創造する行為でもある。あなたの財布から離れたお金は、そういう役割を果たしています。

お答えしましょう!

お金を使うこと＝消費することで、自分だけでなく他者も豊かにすることができるのです。

■消費という行動

あなたがネクタイを買うことによって、そのブランドのデザイナーや販売店員、さらには原材料を育てている人たちにお金が行き渡る。

KEYWORD

消費……消費は個人の行動だが、それによって他者も豊かにすることができる。それはじつは社会を創造する行為でもある。

お金を知るために有効な教育とは何ですか？

お答えしましょう！

マネーゲームのシミュレーションではなく、ビジネスのイロハを体験できる「勤労体験」です。

■ 株式売買ゲームとは？

仮想所持金をもとに実際の株価に基づいて模擬売買をおこなうシミュレーションゲームには、「投資はマネーゲームである」という誤解を与えてしまう危険性も。

金融教育の前提として勤労体験が重要

　非常に困ったことに、かつての日本では中学・高校の6年間に学ぶ教科書で経済についての記述が2ページほどしかありませんでした。その反省から、現在は金融教育が大幅に拡充されていますが、「株式売買ゲーム」などを取り入れた金融教育には疑問があります。

　バーチャルマネーで株式に投資して運用益を競うことで、ゲームとして楽しみながら実際の金融や投資の何たるかを学ぶ

POINT
ビジネスの何たるかが抜けた金融教育は無益。

■ 起業体験プログラムとは?

あるビジネスをおこなう株式会社を模擬的に設立・経営する体験を通じて、自ら学び、考える力を育むプログラム。仕事のおもしろさや喜びを学ぶことができる。

ことができるという趣旨はわかります。しかし、経済知識のベースなしにこれを経験することは、投資はマネーゲームだという誤解を植えつける危険性があります。

金融教育として大切なのは、投資体験ではなく、「勤労体験」だと私は思っています。

そうした点から注目されるのは、最近、教育現場でも活用されている**「起業体験プログラム」**です。これは中・高生が起業家としてビジネスを立ち上げる疑似経験をする教育プログラムで、会社設立から商品開発、販売、決算といった実際の会社経営のイロハを体験できるように工夫されています。

このプログラムをとおして学べるのは、ビジネスの成り立ちや会社と金融のつながりだけではありません。**ビジネスとは付加価値をみんなでつくりあげていくことであり、それによって働く喜びを得られる**のだということを学べるのです。

> **KEYWORD**
> **勤労体験**……ビジネスとはどういうものか、働くとはどういうことかを体験し、実践的に学ぶ教育。

COLUMN 1

自分の「好き」の見つけ方

「我慢は美徳」といわれる日本では、好きなことを仕事にしたいというのは「甘い考えだ」と思う人が少なくないでしょう。

「そもそも仕事は我慢してするものだ」「給料は我慢料だ」といった考え方も珍しいものではありません。

実際、経済産業省が2022年に発表した「未来人材ビジョン」では「現在の勤務先で働き続けたい」と考える人の割合が示されていますが、日本はこの割合が諸外国と比べて非常に低く、52%にすぎません。

それなのに、転職意向や独立・起業志向のある人の割合も非常に低いのです。**不満ばかりなのに、変化を好まず挑戦もしない**というのが、日本の多くのビジネスパーソンの姿なのでしょう。

しかし本来、「好きなこと」や「夢中になれること」「つい時間を割いてやってしまうこと」を仕事にできれば、**楽しく働けるだけでなく、仕事の効率も上がるはず**です。

もし「好きなことを見つけるのはむずかしい」と感じる人には、『Dark Horse――「好きなことだけで生きる人」が成功する時代』（トッド・ローズ、オギ・オーガス著、大浦千鶴子訳、三笠書房）を読むことをおすすめします。

本来、「何が好きで何が嫌いなのか」は人によってさまざまであり、**「自分が何を好きなのか」は自分の気持ちに向き合うことでしか見つけられません。**同書には、自分の気持ちに向き合うための具体的な方法も紹介されています。

第1章

お金って何のために必要なんですか？

お金はそもそもどのような経緯をたどって誕生したのでしょうか？　物々交換から始まるお金の歴史から、お金に秘められた「価値交換機能」「価値尺度機能」「価値保存機能」という３つの役割、そしてお金には過去と未来が詰まっているといえる理由までを解き明かしながら、お金と経済の関係に迫ります。

お金の役割
1

お金のはじまりを教えてください！

POINT
貨幣は、国の信用とセットになることで価値をもつ。

物々交換の不便さが貨幣という道具を生んだ

まだお金というものがなかった昔、欲しいものを手に入れるには別のものを用意しなければなりませんでした。**自分にないものを手に入れる手段として、物々交換がおこなわれていた**からです。

しかし、これでは不便なので、物々交換でなくても欲しいものが手に入れられる価値をもつものが使われるようになります。それが貨幣、つまりお金です。当初、貨幣には保存のきく貝や石などが利用されていました。これらを**「物品貨幣」**といいますが、そうしたなかから、やがて金や銀などの金属が定着するようになりました。

ちなみに日本で最初につくられた貨幣は、7世紀後半の富本《ふほん》銭《せん》で、その後、8世紀になって和同開珎《わどうかいちん》がつくられています。ただ、日本では貨幣のほかに、お金の代わりとして米が長く使われていました。日本人の主食であり、保存性に優れた米は、普遍的な交換価値をもつものとして利用されたわけです。

やがて時代が進むと紙幣が登場しますが、紙幣は紙ですから、金や銀のように原材料としての価値はありません。にもかかわらず、1万円札は100円硬貨100枚分の価値をもっています。それを可能にしているのは、貨幣を発行する日本という国の「信用」です。実際、信用の乏しい国のお金は、国際的な通貨として通用しません。

つまり、**1枚の紙切れでも国の信用とセットになることで価値をもつ——それがお金**だというわけです。

お答えしましょう!

最初は、物々交換から始まりました。その後、貝や石の物品貨幣、金や銀の金属貨幣、そして紙幣が登場しました。

■お金の誕生

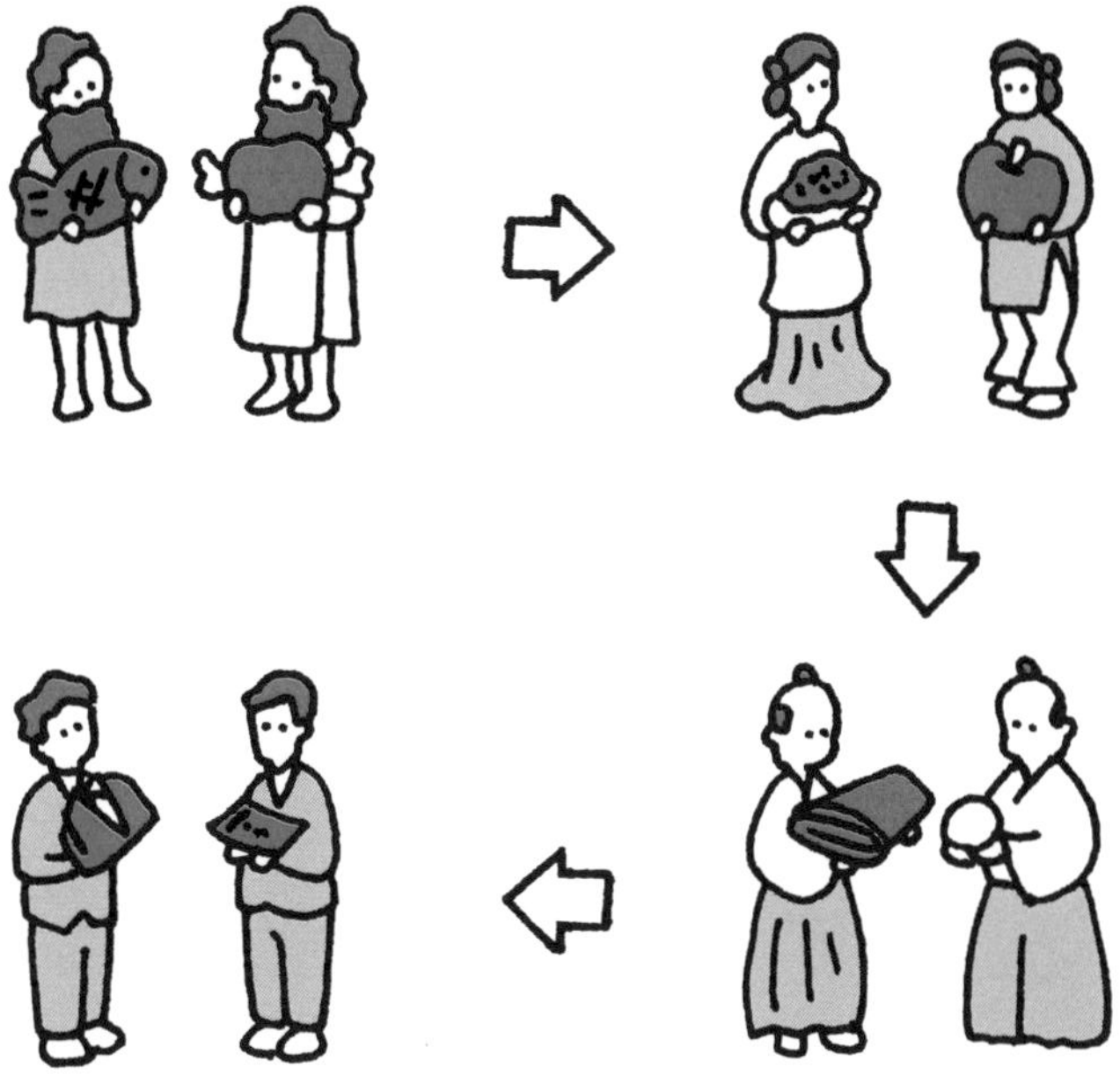

物々交換から始まり、物品貨幣をとおして、硬貨や紙幣といった貨幣が登場した。

KEYWORD

富本銭と和同開珎……富本銭は7世紀後半につくられた日本最古の公的な銅貨。和同開珎は708年から鋳造・発行された銅貨で、日本で最初に流通した貨幣といわれる。

お金の役割

2

お金のもっとも大きな役割とは何ですか？

POINT

お金には「価値交換」「価値尺度」「価値保存」という3つの機能がある。

お金の第一の役割は交換機能である

少し堅苦しい話になりますが、そもそもお金には3つの機能があります。それは「価値交換機能」「価値尺度機能」「価値保存機能」です。

いずれも大切な機能ですが、お金が物々交換の不便を解消するために生まれたことから考えると、**お金の第一の役割は価値交換機能**だといえるでしょう。

この機能のおかげで、人は必要なものや欲しいものを手に入れやすくなりました。お金を受け取った人もまた、そのお金で自分の欲しいものを得ることができます。

つまり、**人と人が価値を交換する媒介を果たしている**のがお金なのです。

この**お金を介した価値の交換は、人間の暮らしを便利にしただけでなく、モノを発達させるうえでも大きな役割を果たした**と考えられます。

モノをつくるには、さまざまな元手がかかります。それは材料だけではなく、つくり手の知識やアイデア、工夫、労力などを要しています。お金が普及したおかげで、こうした目に見えないものの価値を買い手に求めることができるようになったわけです。

そもそも、なぜモノを提供するのにお金のやりとりが定着したかというと、モノをつくるのにかかったエネルギーやコストを回収するのにお金が便利だったからです。そういうふうにして、価値の交換が広まり、他人の役に立つモノをつくってお金を得ようとする人が急速に増えていったと考えられます。

お答えしましょう!

お金には「価値交換機能」があり、人はモノだけでなく価値も交換できるようになりました。

■価値交換機能の効果

価値交換機能は、人の暮らしを便利にしただけでなく、モノを発達させるうえでも大きな役割を果たした。

KEYWORD

価値交換機能……お金がもつ役割のひとつ。この機能のおかげで人はモノだけでなく価値も交換できるようになった。

お金があるからできるようになったこととは？

お答えしましょう！

お金の機能によって、資産として蓄えることが可能になり、またモノの価値を示す尺度ができました。

■ 価値尺度機能とは？

お金がモノの価値を表す尺度の役割を果たす。

貯めることとモノサシとして使えること

お金の3つの機能のうち、「価値尺度機能」と「価値保存機能」についても述べておきましょう。

仮にタイ1匹はイワシ9匹分、ヒラメ1匹はイワシ7匹分の価値があるとします。では、ヒラメでタイを手に入れるには、イワシを何匹加えたらいいでしょうか。モノを手に入れるために、いちいちこんなことを考えていたら、不便極まりません。

お金がモノの価値を表す尺度

POINT

価値尺度機能と価値保存機能の役割を知ろう。

■ 価値保存機能とは？

お金だからこそ、蓄えて資産にすることができる。

の役割をしているおかげで、私たちはモノの価値を簡単に知ることができるのです。

価値保存機能も重要です。かつて石や貝殻がお金として用いられたのは保存がきいたからです。昔の日本でお米がお金の役割を果たしたのも、お米なら保存ができたからで、これが魚だったら、お金の代わりになりません。この**価値保存機能のおかげで、お金を蓄えて資産にすることができる**わけです。

私たちは日々の生活のなかで、お金の価値尺度機能と価値保存機能を無意識のうちに活用しています。とくに日本人は後者をフルで活用しています。というのも、日本人くらい貯蓄の好きな国民も珍しいからです。これについては改めて後述しますが、個人金融資産のうち、現金・預金の割合が外国と比べて日本は突出して高いのです。

KEYWORD
価値尺度機能と価値保存機能……物々交換や物品交換では価値の保存ができなかったが、お金の登場によって保存して資産化できるようになり、またモノの価値を示す尺度ができた。

お金の役割

4

お金には過去と未来が詰まっているとはどういうことですか？

POINT

過去と未来における生き方が表れる。

生きてきた結果であり
生きていく選択肢である

さて、お金の役割がわかったところで、改めて私が考えるお金の定義についてお話ししましょう。

いったいお金とは何か。つまるところ、それは**「過去と未来が詰まった缶詰である」**と私は考えています。

どういうことかというと、いま、あなたがもっているお金は、すべて理由があって、あなたのもとにやってきたものです。せっせと働いて得た給料やボーナス。親から遺産として受け継いだもの。あるいは、ギャンブルや宝くじで運よく手に入れたお金も交じっているかもしれません。

どうあれ、すべてのお金は、あなたが過去にしたこと、かかわったことの結果としてやってきたものです。つまり、その人が生きてきた結果として引き寄せたもので、**お金はその人が歩んできた過去を表している**といえます。

一方で、いま手元にあるそのお金は、これからの暮らしの糧であり、おいしいものを食べたり、デートをしたり、人生を楽しむために使うことができます。

そのお金をどのように使って人生をどう豊かなものにしていくかは、その人次第ですが、**要するにお金を使って何をするかという選択が、その人の未来をつくっていく**ことになるのです。

ですから、お金は過去の歩みを表すとともに将来の自分をつくりあげるものであり、いわば「過去と未来が詰まった缶詰」だといえるのです。

お答えしましょう!

お金は、あなたの過去の歩みを表すとともに、未来の自分をつくりあげるものなのです。

■お金とは過去と未来が詰まった缶詰

お金にはその人が歩んできた過去が表されている一方で、お金の使い方にはその人の選択が表れており、その人の未来をつくりあげる役割を果たしている。

お金は人生の幸せに影響するものですか？

POINT
お金を自分の味方にするために知っておきたいこと。

欲がからむとリスクは増幅しがち

過去と未来が詰まっているのがお金ですから、**未来がどう転ぶかわからない以上、お金にはつねにリスクがつきまといます。**しかも、そのリスクは人間の欲がからむと増幅するので注意が必要です。

世間では遺産相続をめぐって親族間で揉めごとになるケースがよくありますが、これなどはお金があるために起きる不幸といえます。そもそも引き継ぐ遺産がなければ、こんなことは起こりません。欲がからむと、お金がもつネガティブな面が膨らむという代表例でしょう。

お金と欲がもたらす不幸が襲うのは、個人ばかりではありません。多くの国際紛争も、資源の奪い合いをはじめとする経済的な利権争いが発端になっています。経済的利権という多くの富を得ようとして他国と摩擦を起こす——。つまりは、お金がもたらす不幸です。

イヤな言い方ですが、交友や友情だってカネ次第という側面があります。お金がたくさんあって羽振りがいいと、周囲から人が寄ってきて親切にしてくれます。でも、お金がなくなると、スーッと潮が引くように人は離れていきます。それでも残るのが本当の友人ですが、お金と交友は無関係だとはいえないでしょう。

お金で人の幸せが決まるわけではありませんが、大きく影響することは確かです。チャンスもリスクも招くのがお金であり、それを理解したうえで、お金を自分の味方にすることが大切です。

お答えしましょう!

影響します。お金は、人生のチャンスもリスクも招くものであることを忘れずに付き合いましょう。

■お金は人の幸せに影響する

お金はチャンスもリスクも招くので注意が必要。

KEYWORD

経済的利権 …… 国家間における資源争奪や、親族間における遺産相続など、経済的な利益や権利のこと。

お金の役割
6
お金が社会を発展させてきたって本当ですか？

お答えしましょう！

本当です。なぜならお金によって、人の努力や才能が引き出され、モノが生み出されるからです。

■ お金が文明社会の発展に寄与した

お金が人間社会に普及したからこそ、多くのモノが生まれた。

お金の価値交換が文明社会を発展させた!?

日本で最初につくられた貨幣は、7世紀の富本銭であることは先に述べました。684年といいますから、いまから1300年以上も前です。

興味深いのは、この富本銭の偽銭が大量に見つかっていることです。お金をめぐる悪事は貨幣の誕生とともにあったことになりますが、そのくらい昔の人々にとっても、お金は魅力的なものだったわけです。

古来、お金が人間の邪《よこしま》な欲望

POINT

価値が交換できるからこそ、つくり手の意欲も上がった。

■お金をめぐる悪事

日本最古の貨幣といわれる富本銭の偽銭も大量に見つかっている。

をあぶり出してきたことは否定できませんが、それよりも、お金が人類に多大な貢献をしてきたことに目を向けるべきでしょう。

　もしお金というものがなければ、私たちの身のまわりはこれほど多くのモノにあふれていなかったはずです。お金がないと、自分でつくることのできるものを物々交換で提供し、他人のつくったものを得るしかありませんでした。しかしお金が生まれたおかげで、他人がつくったものをお金で手に入れられるようになりました。つくり手も、お金に交換できる世の中になったからこそ、よりいいものをつくろうと努力し、さまざまな才能を発揮する人も増えていったわけです。

　この世に誕生した多くの発明品は、その前提として人間社会にお金が普及していたから生まれたのかもしれません。**お金のもつ価値交換機能は、文明社会の発展に寄与した**といっても過言ではないのです。

KEYWORD

偽銭……偽造された貨幣のこと。通貨の発生とともに偽銭も誕生したといわれている。

お金の役割 7

私たちがコンビニで払ったお金はどこへ行くのですか？

POINT

お金は経済活動によって社会のすみずみに行き渡る。

製造者、小売店、物流……関係者を想像してみよう

お金はその価値交換機能によって経済活動を発展させてきましたが、同時に経済活動はお金を社会のすみずみにまで浸透させるようになりました。たとえば、コンビニで150円のおにぎりを1個買ったとします。その150円は、そのあとどこへ行くでしょうか？

そのおにぎりをつくった製造業者や販売したコンビニの売上になるのはもちろんですが、そのうちの一定額はコンビニ本部にも渡ります。さらに商品をコンビニに運ぶ物流業者にも渡り、おにぎりの原料であるお米をつくった農家や農協の収益にもなります。

そのほかにも、おにぎりの具を生産している農家や漁師、稲作に必要な肥料や農機具の製造業者、おにぎりのパッケージデザインをしているデザイナー、そのパッケージのフィルムメーカー、コンビニのアルバイト店員、コンビニが入っているビルのオーナー……。

いちいちあげていくとキリがありませんが、私たちがおにぎりを買うことで払った150円は、いったんレジに収まったあと、無数の人々に分配されていくことになるのです。

さながら毛細血管によって血液が体のすみずみまで運ばれるかのようですが、**お金は経済活動によって社会のいたるところを駆けめぐっている**わけです。

ともするとお金を貯めることばかりに熱心な日本人ですが、**お金を使うことで多くの人が潤い、社会に活気が生まれる**ことを見落としてはなりません。

お答えしましょう！

じつは、そのお金が分配される先は無限に広がっています。その結果、社会に活気が生まれるのです。

■コンビニで買い物をすると……

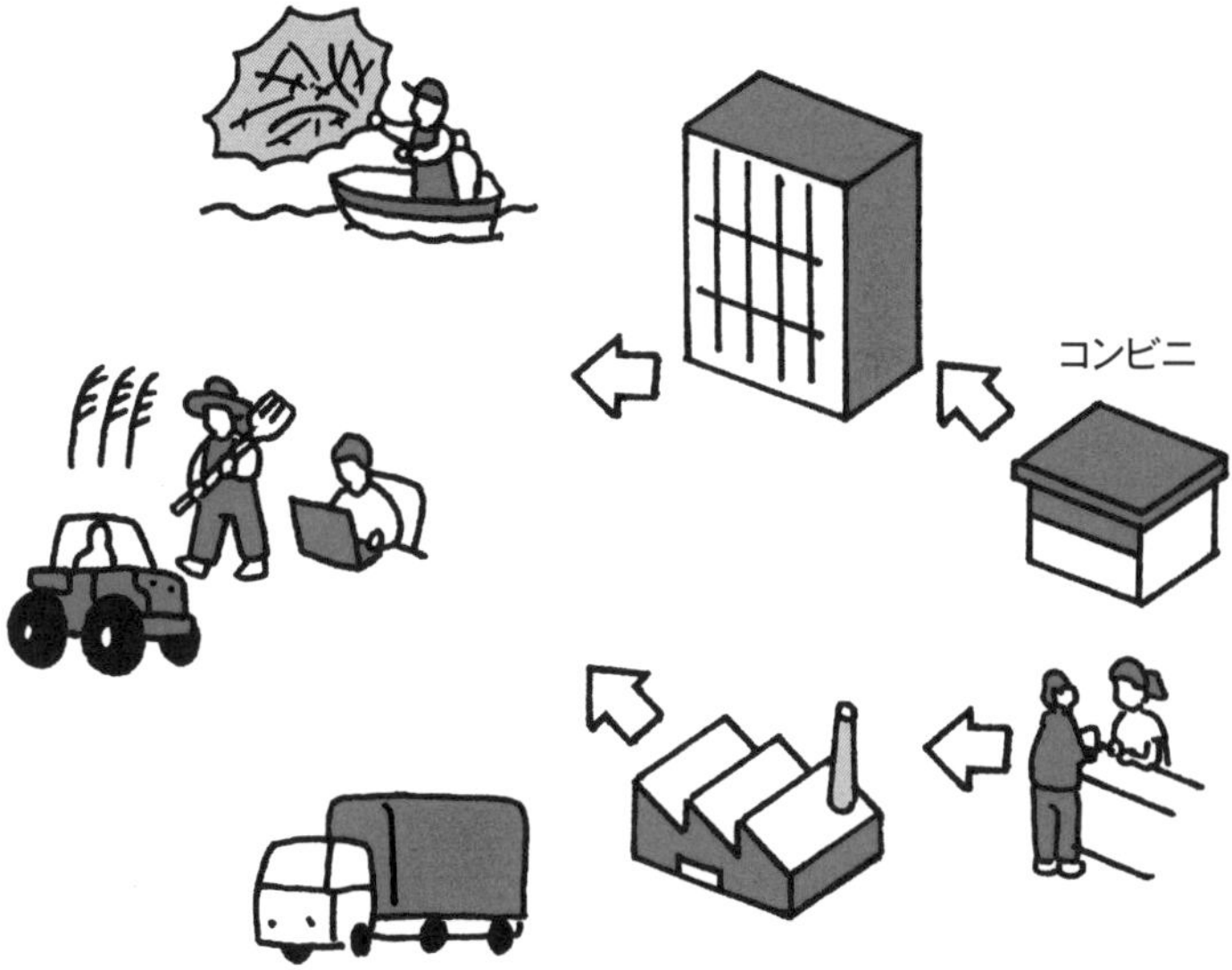

コンビニ本部、コンビニのアルバイト、おにぎりの製造業者、物流業者、農家、パッケージデザイナーなど、さまざまな関係者に利益が渡る。

KEYWORD

コンビニ …… 小規模な店舗で食品や日用雑貨などの多数の品種を扱う小売店。おもに24時間・年中無休で営業をおこなう。

お金の役割

8

経済とはそもそも何なのか、教えてください！

POINT

日々の消費は、必ず誰かの生産活動に貢献している。

経済とはすなわちお互いに助け合う関係

おにぎりを1個買うことで、おにぎり生産者をはじめ多くの人が潤う。同時にまた、おにぎり生産者も、おにぎり以外では消費者ですから、いろいろな生産者を潤わせています。

つまり、**私たちの日々の消費は、必ず誰かの生産活動に貢献している**ということです。

このようにして、すべての人は知らぬまにつながってお互いがお互いを支え合っているわけですが、じつはこの互恵関係こそ、経済活動のエッセンスなのです。

経済とはすなわち、人々がお互いに助け合う関係であると言い換えることができます。

「すべての人」と言ったように、これには生産活動に従事していない人や、すでにリタイアした人も含まれます。

自分は無職だから経済にかかわっていないと考えるのは誤りです。無職であっても、消費者として社会参加していますし、寝たきりの高齢者も医療や介護サービスを利用し、社会とかかわっています。

赤ちゃんだってそうです。自分でモノを買ったり生産したりはできませんが、この世に赤ちゃんがいるおかげで、ミルクやおむつのメーカー、ベビー用品の会社が潤っているのです。

そのように考えると、経済活動に貢献していない人など存在しないことがわかります。

私たちはみな、この世に生きているかぎり経済活動に貢献しており、すべての人が誰かを支えているのです。

お答えしましょう!

経済とは互恵関係で成り立つものです。この世に生きているかぎり、人は誰しも経済活動に貢献しているのです。

■経済とは、人々が助け合う関係

赤ちゃんも若者も高齢者も、会社員も整備士も医師も、人は誰しも日々の生活において消費者として社会参加し、経済活動に貢献している。

KEYWORD

互恵関係 …… 互いに利益を得る、または利益を与え合う関係のことで、経済は互恵関係で成り立っている。

COLUMN 2

高齢化はピンチなだけじゃない!?

日本に少子高齢化の問題が重くのしかかっているのは事実です。2050年までに日本の人口は1億人に減少すると見込まれる一方、高齢者の割合は増え続けていきます。

国立社会保障・人口問題研究所「日本の将来推計人口（平成29年4月推計）」に基づくと、2017年に65歳以上の高齢者1人を支える現役世代（18〜64歳）は2・1人。それが2040年には高齢者1人を支える現役世代は1・5人になると見込まれます。

しかし、これをもって日本の将来を悲観するのは早計です。この統計は65歳以上を「支えられる存在」としてひとくくりにしていますが、高齢者は元気で長生きするようになってもいるのです。日本は男女合わせた平均寿命が84・07歳（2022年）と世界有数の長寿国ですが、あわせて注目したいデータがあります。高齢者の歩くスピードを過去20年間で比較すると、1997年の65〜69歳の平均速度と、2017年の75〜85歳の平均速度がほぼ同じなのです。※

元気な高齢者が増えるなか、70歳以降も働き続ける人や、その意欲をもつ人は多数います。**高齢化はじつは「可能性」でもある**のです。「年齢を問わず、支えが必要な状態にある人は支えを受け、支えることが可能な人は支えるほうにまわる」のが、あるべき姿です。**支える側にまわることができれば、それは高齢者の生きがいの構築にもつながる**でしょう。なお、現役世代を74歳までと考えると、2040年には3・3人で75歳以上1人を支える計算になります。

※出典：日本老年学会・日本老年医学会「高齢者に関する定義検討ワーキンググループ報告書」、国立長寿医療研究センター「長寿コホートの総合的研究」より

第 2 章

貯める前に、まずは正しい使い方を知ろう

世界的に見て、日本人は貯蓄好きでかつ寄付もしたがらない国民性だということがデータから見てとれます。それは、清貧を誤解して尊んでいたり、借金を必要以上に恐れていたりするからかもしれません。まずはお金を使うという行為の意味や、それが何をもたらすのかを知って、お金のステキな使い方を学んでいきましょう！

私たちがお金を預けている銀行の役割って何ですか？

POINT
預金と融資が、銀行の二大役割。

銀行に預けたお金が誰かを喜ばせる!?

多くの人にとって銀行は「預金をするところ」です。将来のために、当面使わないお金を預けておく。そうすれば、家の中でタンス預金をするよりも安心だし、利息もつく。

銀行のほうでも、なるべく預金を増やしたいので、行員に預金を獲得せよ、とハッパをかけています。

それでは、銀行はお金集めが事業目的かというと、そうではありません。

銀行はお金を集める一方で、それを必要とする会社や個人に貸し付けています。そういうふうにして、**お金を社会に循環させる役割を担っているのが銀行**です。

新規事業を始めたいと考えている会社に対して、その事業が勝算ありと判断すれば銀行は資金を貸し付けます。その資金は利息をつけて返済され、その利息の一部が銀行の収益になります。

個人に対する貸し付けでは、住宅ローンがおなじみでしょう。本来、買い物はお金を用意してからしますが、住宅のような高額なものは、購入資金が貯まるのを待っていたらいつになるかわかりません。そこで、銀行からお金を借りてマイホームを手に入れ、分割返済していくのが住宅ローンです。

つまり、新規事業やマイホームなどの**夢を前倒しで叶える手伝いをしてくれるのが銀行の融資**だというわけです。私たちが銀行に預けたお金も、そうやって誰かを喜ばせるために使われているはずです。

お答えしましょう!

顧客のお金を預かる預金と、顧客にお金を貸し付ける融資をとおして、お金を社会に循環させることです。

■銀行の役割

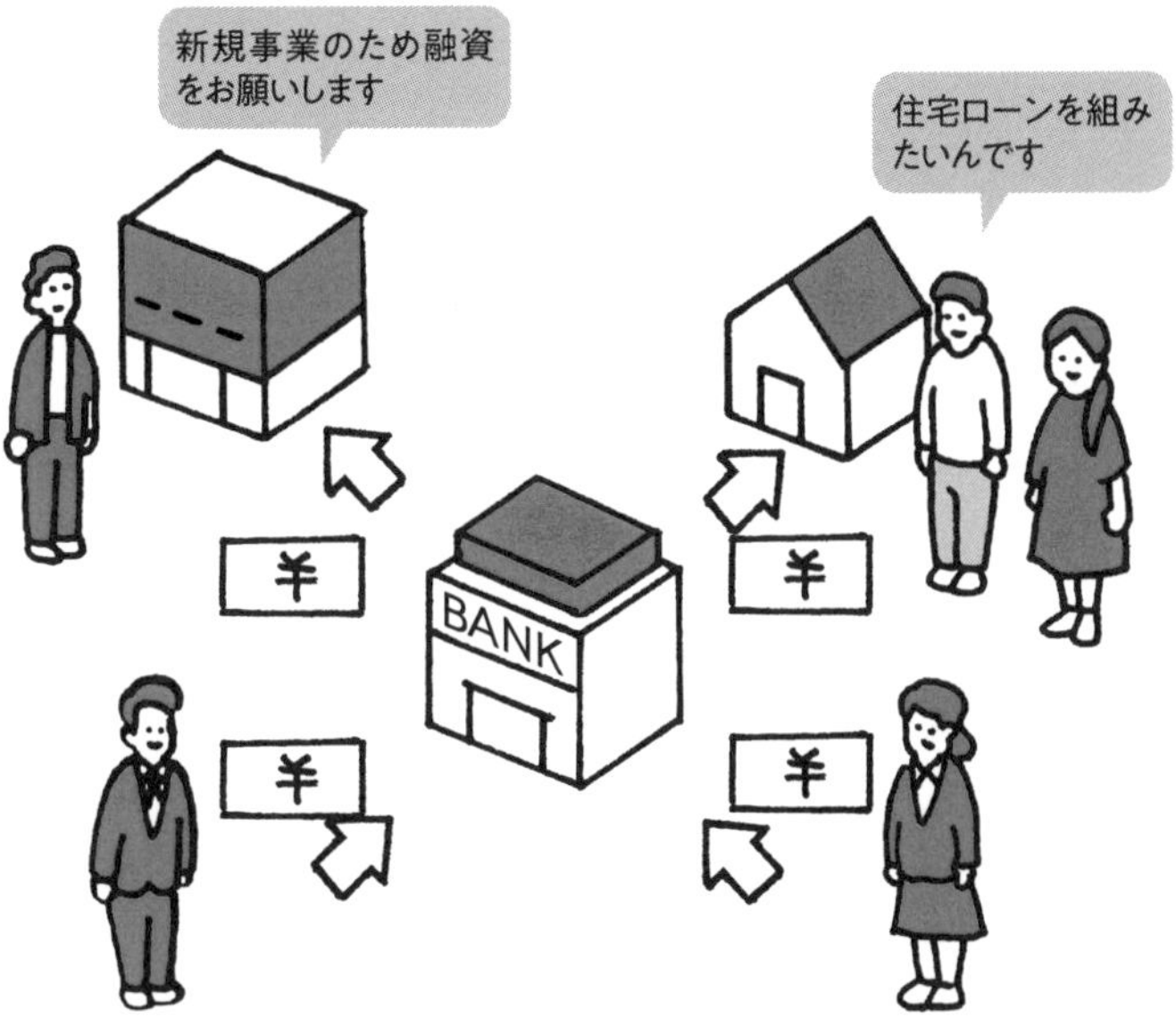
新規事業のため融資をお願いします
住宅ローンを組みたいんです
BANK
¥
¥
¥
¥

銀行はお金を社会に循環させる役割を果たしている。

KEYWORD

銀行……日本では、明治政府が推進した殖産興業政策によって企業をつくろうとする動きが高まり、1878年に153行の銀行が誕生した。その起源は、江戸時代の両替商ともいわれる。

世界的に見ても、日本人は貯金が好き？

お答えしましょう！

欧米と比較して、ダントツに高いのが日本の貯蓄率。タンス預金は国家予算に匹敵するほどです。

■ボーナスの使い道

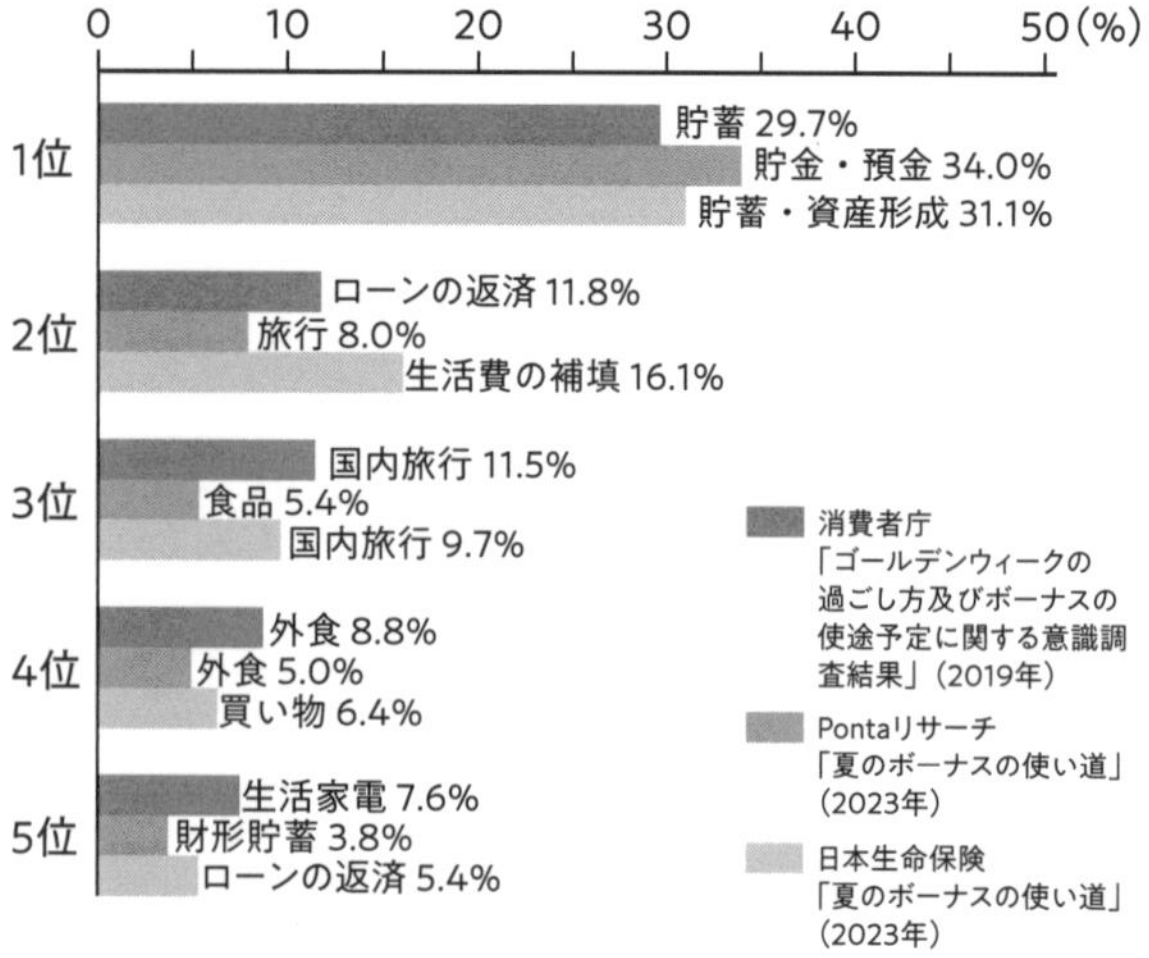

ボーナスの使い道の1位は「預貯金」

日本人にボーナスの使い道を聞くと、必ずといっていいほど「預貯金」という回答が1位になることをご存じでしょうか。上のグラフのデータは、その一例です。

この**日本人の貯蓄好きは、外国と比較してみると、いっそう際立ちます。**

日本銀行の調査「資金循環の日米欧比較」（2022年）によると、個人の金融資産構成の内訳は日本では「現金・預金」が

POINT

日本人の金融資産構成は、現金・預金が50％以上を占める。

■個人の金融資産構成の日米欧比較

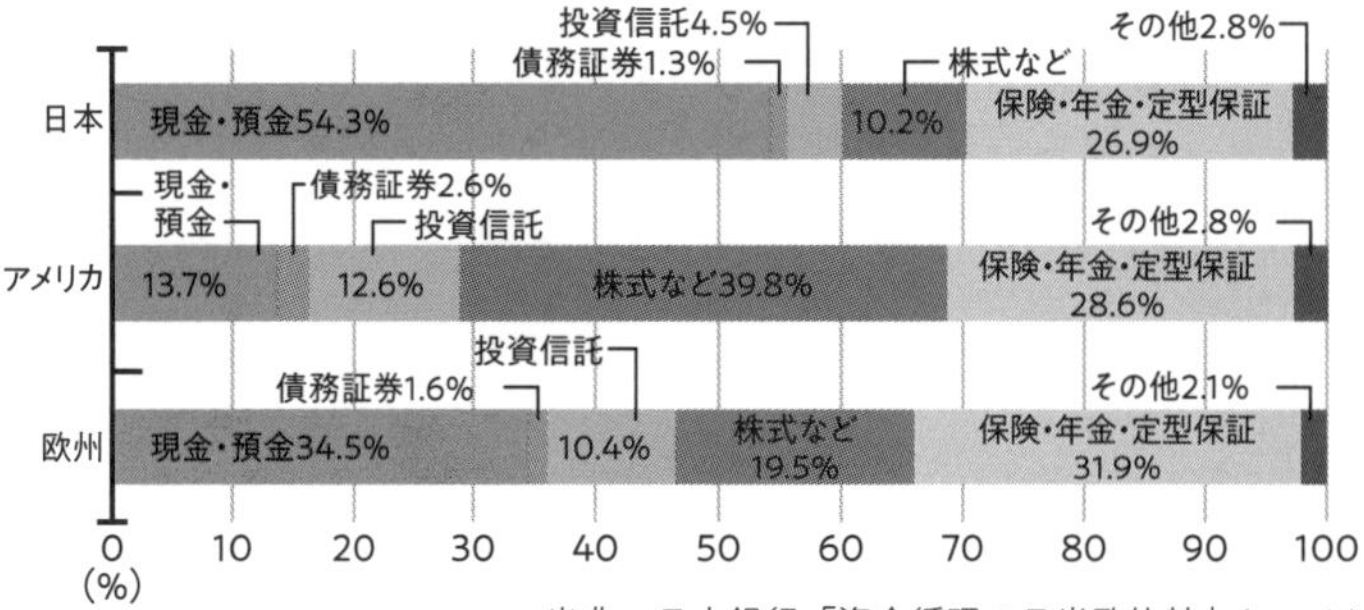

出典：日本銀行「資金循環の日米欧比較」（2022年）

約54%と半分以上を占めています。これに対してアメリカは約14%にすぎず、もっとも多いのは株式となっています。欧州では日本と同じく「現金・預金」がもっとも多いものの、その比率は約34%。日本よりも20ポイント少なく、保険・年金や株式などとともに比較的バランスのとれた構成になっています。

このように貯蓄好きは日本人に特異な傾向といえますが、日本人が所有する「現金・預金」の総額は約1100兆円。注目すべきは、このうち金融機関に預けていない現金、いわゆる「タンス預金」がおよそ100兆円にのぼっていることです。

2023年度の国家予算が過去最大の約114兆円ですから、これに匹敵する**お金が社会に活かされることなく、家の中で眠っている**わけです。

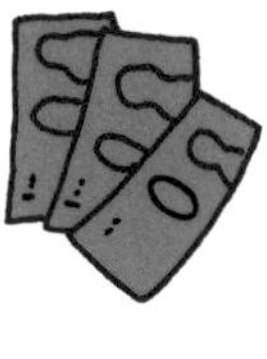

KEYWORD

預貯金……預金者が預けたお金に対して、金融機関が定期的な利息の支払いと将来の元本の支払いを保証している金融商品。

日本人は寄付をしたがらないって本当ですか？

お答えしましょう！

残念ながら本当です。個人寄付総額はアメリカの30分の1、国民1人当たりの額でも10分の1です。

■日米の個人寄付総額比較

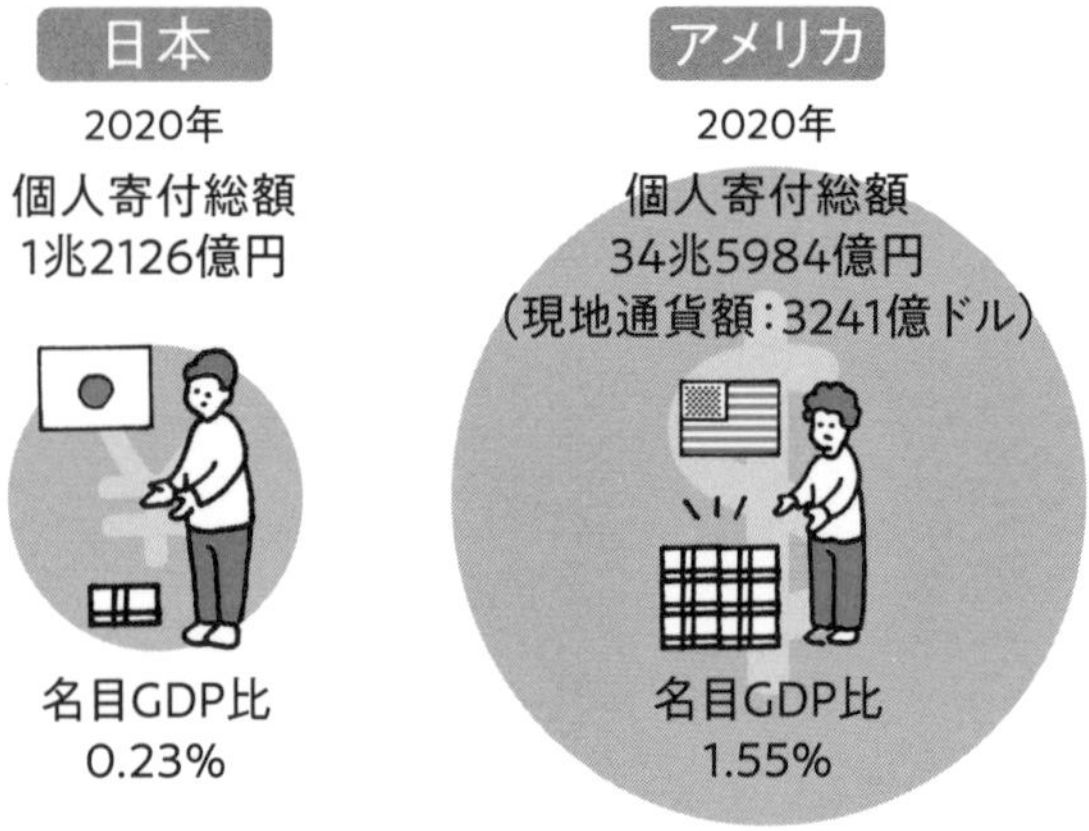

出典：「寄付白書2021」（日本ファンドレイジング協会）

預貯金を抱え込み減らすまいとしている!?

お金に関する比較で、日本と外国の違いがもっとも顕著に現れるデータがあります。それは年間にされる寄付の額です。

「寄付白書2021」（日本ファンドレイジング協会）によると、日本の個人寄付総額は2020年で1兆2126億円。これは4年前と比べて156％の増加で、GDPの0・23％に相当する額だといいます。

増えた理由としては、コロナ禍にあって日本社会に他人との

POINT

コロナ禍にあって寄付は増加の傾向にあるが……。

■日本の寄付市場の推移

年	2009	2010	2011	2012
寄付	5,455億円	4,874億円	1兆182億円 （震災寄付5,000億円、個人寄付5,182億円）	6,931億円
寄付者率	34.0%	33.7%	68.6%	46.7%

年	2014	2016	2020
寄付	7,409億円	7,756億円 （ふるさと納税2844億円含む）	1兆2,126億円 （ふるさと納税6725億円含む）
寄付者率	43.6%	43.6%	44.1%

出典：「寄付白書2021」（日本ファンドレイジング協会）

互助精神が醸成されたことなどが指摘されています。

しかし、1兆円を突破した日本の個人寄付総額も、アメリカのそれを前にすると霞んで見えます。2020年のアメリカの個人寄付総額は円換算で34兆5984億円。じつに日本の30倍です。国民1人当たりの額に換算しても10倍の開きがあることになります。

日本では東日本大震災が起きた2011年に寄付が増えていますが、この年の成人1人当たりの寄付額は6551円で、これは例年の2倍でした。しかしこれは、東北の太平洋沿岸があれだけ未曾有の大災害に見舞われたにもかかわらず、日本人はいつもの年の2倍しか寄付しなかった、と見るべきでしょう。

日本は寄付が日常ではない国です。外国から見れば驚くほどの現金・預金を抱え込み、それをわずかでも減らすまいとして汲々としている。残念ながら、これが私たち日本人の姿です。

KEYWORD

寄付……お金やモノを無償で第三者に託すこと。募金箱にお金を入れること、NPO団体にお金を託すことなどをさす。

日本ではお金持ちが尊敬されない!?

POINT
「清貧の思想」の誤った解釈による悪影響。

なぜアメリカでは お金持ちが尊敬されるのか?

お金が欲しいと思うのは誰しも同じでしょう。けれども、**日本では大儲けしている人は好感をもたれない傾向があります。**

ビジネスに成功して大儲けしている事業家よりも、薄給で活動しているNPOやNGOの代表のほうが尊敬される傾向があります。

これに対して、**お金持ちが尊敬されるのがアメリカ**です。より正確にいえば、成功者が多くの尊敬を集めるのがアメリカです。マイクロソフトの創業者ビル・ゲイツしかり、いまは亡きアップルの創業者スティーブ・ジョブズしかりです。

こうしたビジネスの成功者は、たんに巨万の富を築いただけではありません。それまでなかった新しい価値を創造して世の中に提供し、それが多くの人々に支持された——。その結果として富を築いたわけです。ですから、**尊敬を集めるのは、お金よりも価値の創造と提供ゆえ**です。

「清貧」を尊ぶ日本では、お金を儲けていると「汚いことをしているのではないか」と考えられがちですが、これは違います。汚いことをしてお金を儲けるのは、一時的にはできても、けっして長続きしないからです。とくに現在のような情報過多の時代においては、そうです。

前にも述べましたが、私たちがめざすべきものは、「清貧」でも「汚豊」でもなく、「清豊」です。「清」と「豊」が共存できることは、国の内外を問わず、多くのビジネスの成功者が物語っています。

お答えしましょう！

日本では好感をもたれない傾向があります。一方、アメリカでは価値の創造者として尊敬されます。

■日米のお金持ちに対する視線の違い

日本ではお金持ちはあまり好感をもたれませんが、アメリカでは尊敬される傾向にあります。

KEYWORD

ビル・ゲイツ……「Windows」シリーズなどを開発しているソフトウェア大手のマイクロソフトの共同創業者。世界有数の資産家であり、慈善家としても著名。

お金の使い方
5

借金って本当に怖いものですか？

POINT

自己破産という制度がある理由を考えてみよう。

本当に怖いのは挑戦する勇気を失うこと

「無い時の辛抱ある時の倹約」

お金のないときは借金をせずに辛抱し、お金のあるときは浪費をせずに倹約に心がけよ、という教えです。こんな借金を戒める諺《ことわざ》があることでもわかるように、昔から日本人は借金を嫌い、恐れてきました。日本で預貯金が偏重されるのも、借金を恐れるせいかもしれません。

むろん、借金はしないに越したことはありません。しかし、借りたものは返せばいいだけのことですから、過度に恐れることはないのです。それでも、もし返せなくなったらどうしようと不安がよぎるかもしれません。

けれども、**借金が返せなくなったからといって、人生が終わるわけではありません。借金を返せなくなった人に手を差し伸べてくれる救済制度もある**からです。それが自己破産です。

なんともイヤな響きをもった言葉ですが、自己破産の手続きをすると、財産を処分しても返済できない借金はチャラになります。もちろん、一定の条件を満たす必要はありますが、これを利用すれば借金で立ち行かなくなった人も、いったんリセットし、再びスタートラインに立つことができます。

国がこういう制度を設けているのは、すなわち、人はみな、いつでも再チャレンジできる環境が保証されているということを意味しています。だから、借金をすることを過度に恐れる必要はないのです。

恐れるべきは、借金を怖がってチャレンジする勇気を失うことではないでしょうか。

お答えしましょう！

過度に怖がる必要はありません。返済不能になっても救済制度があり、再挑戦できる環境が保証されているからです。

■再チャレンジできる環境

借金を返せなくなった人に手を差し伸べる救済制度である自己破産は、国によって設けられた再チャレンジ制度ともいえる。

KEYWORD

自己破産 …… 裁判所に申し立てをおこない、財産を清算して債権者に配当する「破産」という手続きと、裁判所から認定されたら、残りの借金が免除される「免責」という手続きから成り立つ。

お金を使うという行為は何を表しているのですか？

お答えしましょう！

買い物や食事など、お金を使うという行為は、その人の本音を知らず知らずのうちに表しています。

■ 意識下の行動とは？

欲しいものを買い、食べたいものを食べるといったお金を使う行為には、明確な意思が伴っている。

消費とは明確な意思を伴う行動

人は日常生活のなかで無意識のうちにしている行動が少なくありません。デスクワークをしながら、つい甘いものに手を伸ばし、帰宅すると見る・見ないにかかわらずテレビのスイッチを入れる。次に冷蔵庫に向かい、缶ビールを取り出してプシュッとやるのも、無意識の行動かもしれません。

私たちの日常はルーティンの繰り返しですから、習慣化すると無意識のうちにする行動が増

POINT

無意識下の行動と意識下の行動の違い。

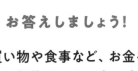

■ 無意識下の行動とは？

ルーティンでおこなっている日常の行動は、無意識のものが多い。

えるのでしょう。

そうしたなか、明確な意思をもってしている日常の行動があります。何かというと、買い物です。

お金を使う行為には、必ずその人の意思が伴っています。そもそも何か欲しいものがあって買い物に行くのですから、そこに意思があるは当然です。それは腕時計や家電製品といった高額商品を買うときばかりではありません。社員食堂でランチを頼むときも、しばし思案して「よし、天丼にしよう」と決める。そこには、その日の気分とお腹の減り具合に基づく明確な意思を伴っています。

欲しいものを買い、食べたいものを食べる。つまり、**お金を使うという行為は、その人の本音を表す行為であり、逆にいえば、人間の本音は買うものに表れる**ということです。

そして、この消費という明確な意思を伴う行為は、やがて個人の満足を離れて大きな力をもつようになりますが、それについては次に説明しましょう。

お金の使い方 7

私たちの消費行動は何をもたらすのですか？

POINT
消費は選挙と同様、未来への投票だ。

年齢も関係ないからこそ消費には強みがある

意思をもった行動は、何かに働きかける力をもっています。たとえば選挙に行って1票を投じる。自分はこの候補者に国民の代表になってもらい、よりよい社会に変えてほしい。そう思って投じる1票によって、社会を変えることができます。

私たちの消費行動も、これと似ています。日々の買い物が、その商品をつくった会社や、それを売っているお店を応援し、それらの発展に寄与することになるからです。今日、コンビニがこれほど存在しているのは、なぜでしょうか？　それは、コンビニに足繁く通う人が多かったからです。コンビニを増やしたのは、私たち自身の消費行動にほかなりません。

さらに、この**消費行動は選挙の投票にはない強みをもっています。**選挙投票は18歳以上でなければできませんが、消費は年齢に関係なく、幼い子どもたちもできます。子どもたちの支持が集まれば、新しいビジネスだって生まれます。

そういう意味では、一人ひとりがもつ1000円札や100円玉は、未来をつくる投票券なのです。好きか嫌いか、欲しいか欲しくないか、ステキと思うか思わないか――。**買い物は、その一回一回が意思をもった行動であり、そのすべてが「未来への投票」なのです。**

10年後、20年後、どんな商品やサービスが生まれ、どんな企業が育っているのか。それは一人ひとりの消費行動の積み重ねによってつくられていくことになります。

お答えしましょう！

意思をもった行動である消費は、商品やサービスを育て、または生み出し、ひいては社会をつくるのです。

■消費行動が未来をつくる

消費行動は、その一回一回が意思をもった行動であり、それは未来をつくる投票のようなものである。

KEYWORD

投票……選挙のようにある集団で特定の地位に就く者を決定したり、会議などで団体としての意思を決定するために個々の意思表示をおこなったりする行為。

お金の使い方 8

お金を何に使っているか把握すべきですか？

POINT
1カ月間、毎日レシートをとっておき、内訳を分類してみよう。

消費行動を振り返る意義とは？

日々の消費が社会を創造していく――。つまり、私たちは毎日お金を使いながら世の中に働きかけているわけですが、そう考えると、一度自分の消費生活を振り返るのも意義あることだと思います。

あなたは何にお金を使っているでしょうか。それを知るためには、**1カ月間、毎日使ったお金のレシートをとっておき、まとめてチェックしてみる**ことです。

日々の買い物、外食、各種サービスの利用料……。消費の内訳を分類すれば、どんなもの、どんなことに、どのくらいお金を使っているのか、自分の消費行動が把握できます。

その結果、おそらく多くの人がふだん何も考えずにお金を使ってしまっていることに気づくと思います。仕事帰りに、いつもの習慣でふらりとコンビニに立ち寄り、なんとなくペットボトルのお茶とポテトチップスを買ってしまう……。

こういう無駄遣いのようなことはやめましょうと言いたいわけではありません。ここで重要なのは、**自分の消費を客観的に把握し、お金の使い方に自覚的になる**ことです。

というのは、「これはいいな」「これが欲しい！」と思ってお金を使うことは、その商品やサービスを提供している会社をより積極的に応援することになるからです。これはステキだなと思って買い物をしているかどうか。これは重要なポイントであり、投資活動の基本でもあるのです。

お答えしましょう！

自分の消費行動は意外に知らないものです。それを知ることができれば、お金の使い方に自覚的になれます。

■お金の使い方を知るために

毎日使ったお金のレシートを1カ月間とっておき、内訳を分類することで、自分の消費行動が把握できる。

KEYWORD

消費の内訳……家計簿の費目を参考に、固定費、食費、日用品費、被服費、美容費、交際費、趣味費、交通費、教育費、医療費、雑費などに分類できる。

お金の使い方 9

無自覚な消費が意味するものって何ですか？

POINT

ロンリネス・ビジネスの広まりと関係がある。

欲しいものがなくてもコンビニに寄るのはなぜ？

欲しいものがあるわけでもないのに、なぜ仕事帰りにコンビニに立ち寄ってしまうのか。その答えは、おそらく現代人の心のなかにあります。

コンビニは「コンビニエンス・ストア（便利なお店）」のことですが、実際は**「ロンリネス・ストア（孤独を埋めるお店）」**ではないかと私は思っています。たとえば、新婚ホヤホヤの男性が仕事帰りに用もないのにコンビニに立ち寄るとは考えにくいでしょう。さっさと妻の待つ家に帰るはずです。

誰もいない部屋に帰る人が、暗い夜道に煌々《こうこう》と明るいお店に、つい引き込まれるように入ってしまう。これは、知らず知らずのうちに孤独を埋める行動であると考えられます。

ロンリネス・ビジネスは、コンビニだけではありません。ソーシャルメディアも、ある意味同じです。自ら情報を発信するのは誰かに振り向いてほしいからでしょう。ネットワークで誰かとつながっていたいと思う背景には、空虚な心や孤独感があります。

コンビニに立ち寄り、ほとんど無自覚のまま商品を手にとってしまうのも、空虚さや孤独感がなせるものです。これもまた消費であり、これはこれで社会に貢献していますが、孤独な人が増えていけば、さらなるロンリネス・ビジネスが生まれ、孤独が増殖していきます。

つまり、**私たちの消費行動によって、世の中はプラスにもマイナスにも動く**ということです。

お答えしましょう!

コンビニに立ち寄り、無自覚にしてしまうような買い物は、空虚さや孤独感がなせるものだといえます。

■ロンリネス・ビジネスとは?

孤独を埋める行動を誘引するコンビニ、X(旧ツイッター)やフェイスブックなどのソーシャルメディアなどが当てはまる。

KEYWORD

ソーシャルメディア……個人や企業が情報を発信・共有・拡散することによって形成されるメディア。フェイスブックやインスタグラム、ユーチューブなどが代表例。

お金の使い方

10

ステキなお金の使い方にはどんなものがありますか？

お答えしましょう！

たとえば友人や仕事仲間、そして家族などとの「つながり」にお金をかけると、人生は豊かになります。

■ 人とのつながりにお金をかける

友人や仕事仲間、遊び仲間、近隣住民、家族との付き合いを豊かにするためにお金をかけよう。

所有欲を満たす以上の消費がある

ひと口に消費といっても、日々の暮らしを維持するための消費もあれば、趣味や娯楽のための消費もあります。たとえば、自分の好きなことにお金を使う――。ミニカーのコレクターは、欲しかったミニカーを買うことで満足感が得られますが、これは自分の所有欲を満たす以上のものではありません。

　そこで、もっとステキなお金の使い方は何かと考えたときに、2つのことをおすすめした

POINT

自分磨きも人との「つながり」を充実させてくれる。

■「自分磨き」にお金をかける

外国語の習得やジム通いで体を鍛えるなど、自分を磨く行為にお金をかけるのもおすすめ。

いと思います。ひとつは、**人とのつながりにお金をかけること**です。

人付き合いは人生を楽しく豊かなものにしてくれますが、それだけではありません。**他人は、自分にない見方や発想、思考などによって新しい刺激を与えてくれる存在**です。

そうした人とのつながりにお金をかける。つまり、交際費を惜しむなということです。お金のある人なら自宅にカウンターバーを設けて、人を招きやすい空間をつくるといったようなお金の使い方もステキでしょう。

もうひとつは**「自分磨き」にお金を使うこと**です。外国語の習得やジム通いで体を鍛えるのもよいでしょう。外国語をマスターすればコミュニケーションの幅が広がり、体力を維持することで仲間との遊びがいつまでも楽しめます。**自分磨きもまた、人との「つながり」を充実させてくれる**のです。

KEYWORD

つながり……貧困や孤立などの社会問題を生み出す原因分析において、またそれらを解決するためのアプローチとして、重要なキーワードのひとつ。

お金の使い方 11

寄付は困っている人を助けるだけのものではない!?

POINT

寄付は消費と同様に、経済を活性化させる働きをもつ。

寄付もお金のステキな使い方

消費が社会に貢献するのなら、もっと**ストレートに誰かの役に立つのが寄付**です。これも、お金の使い方のひとつです。

まだまだ寄付文化が育っているとはいえない日本ですが、最近はインターネットの普及もあって寄付をする人が増えています。これはとてもよい傾向で、たいへん喜ばしいことです。

もちろん、それは寄付によって困窮する人が助かるからですが、じつはそれだけではありません。というのは、**寄付は消費と同様に、経済を活性化させる働きをもっている**からです。

たとえば、いま切実に援助を必要としている人として、子どもを育てながら働くシングルマザーの家庭があるとします。子どもの食費さえ十分でなかったシングルマザーの家庭が、私たちの寄付によって食べる心配がなくなるとします。すると、少しゆとりができて、子どもにゲーム機や暖かいコートを買ってあげることができます。親子で東京ディズニーランドに行くこともできるかもしれません。

つまり、**寄付をすることで新たな消費が生まれる**ということです。その消費は、ゲーム機メーカーやオリエンタルランドの売上となり、従業員の給料として分配され、それがまた消費されて世の中を潤していく。

お金というのは、こういうふうに循環しており、その大きな連鎖のなかには、いくばくかを寄付に投じたあなたも入っています。ですから、めぐりめぐって、自分自身を助けるもの――それが寄付なのです。

お答えしましょう!

本当です。寄付は、じつは新たな消費を生み出し、やがて社会全体を潤す行為でもあるのです。

■寄付もお金を循環させる

寄付は困窮者を助ける役割をもつ一方で、消費と同様に、経済を活性化する役割も担っている。

KEYWORD

シングルマザー……一人親として子どもを養育している母親をさす。2016年度の「全国ひとり親世帯等調査」によると、日本の母子世帯数は約123万世帯で、就業率が高いのに就労収入が低いことがわかっている。

お金の使い方

12

応援するというお金の使い方もあるのでしょうか？

お答えしましょう！

ネット上でおこなわれている投げ銭やクラウドファンディングが、「応援消費」というお金の使い方です。

■「投げ銭」とは？

インターネットのライブ配信などで、パフォーマンスする人に対して応援の気持ちを込めて、金銭や応援アイテムなどを送る行為のこと。

若い人を中心に増える精神的満足が得られる消費

寄付は不特定の人たちに役立ててもらうためのものですが、最近は特定の人やグループを応援するためにインターネットでお金を出す人が増えています。そのためのシステムも増えており、いわゆる「投げ銭」と呼ばれるものがそうです。

投げ銭とは、もともと大道芸人などに「よかった、がんばって」という意味を込めて出すお金のことですが、現在はこれがネット上でおこなわれるように

POINT

消費とは生き方の選択であり、自己表現のかたちでもある。

■ クラウドファンディングとは？

特定のプロジェクトの資金調達をするために、インターネットを通じて不特定多数の人々から少額の資金を集める仕組み。

なったわけです。ライブ配信者にとっては投げ銭の一部が収入になり、視聴者はそれによって好きなアーティストなどの配信者を応援することができます。

誰かを応援するための方法としては、クラウドファンディングを活用する人も増えています。クラウドファンディングは、個人や団体がこれからの活動や夢をネットで発信し、それに共鳴してくれる人たちからお金を募る資金調達法です。

こうした**投げ銭やクラウドファンディングにお金を使う「応援消費」は、若い人たちを中心に増えています。**自分のためにお金を使うのではなく、応援したい人のためにお金を使う。自分が応援する人が成功すれば自分もうれしい。**応援消費は、そうした精神的満足をもたらしてくれる消費**なのです。

消費とは、言い換えれば生き方の選択であり、自己表現のかたちでもあります。誰かを応援するための消費も、なかなかステキだと思います。

KEYWORD

応援消費……商品やサービスを消費することで、生産者や企業を応援する購買行動のこと。

お金の使い方 13

よい消費者であるためには何が必要か、教えてください！

お答えしましょう！

つねに「ありがとう」のひと言を忘れないようにしましょう。それが正のスパイラルを生み出します。

■ブラック企業を生み出すのは？

わがままになりすぎている消費者が原因なのかもしれない。

消費者がわがままになりすぎていないか

従業員が過重労働を強いられるブラック企業を生み出しているのは、じつは経営者というよりも私たち消費者ではないでしょうか？

そう考えるのは、いまの消費者がわがままになりすぎているからです。もっと安く、もっと早く、もっと便利に……。こうした消費者のわがまま放題の要望に企業が応えようとすると、必然的にそのしわ寄せは従業員にいくことになります。

POINT
ブラック企業を生まないためにもよい消費者であるべき。

■よい消費者になるためには？

「ありがとう」のひと声をかけるように習慣づける。

電車が数分遅れただけで、車内放送でお詫びをする国なんてほかにあるでしょうか。こういう過剰な対応が当たり前だと思っているから、居酒屋で注文したビールが出てくるのが少し遅いだけで怒りだすわけです。

ですから、**ブラック企業を生み出しているのは「ブラック消費者」**なのです。こういう困った消費者にならないためにはどうしたらよいか？　それは、自分がお客さんになったときには必ず「ありがとう」を言うように習慣づけることです。

アルバイト学生に話を聞くと、お客さんから「ありがとう」と言われると、うれしくなって、やる気が出てくるそうです。「ありがとう」を言う客が増えれば、おのずと従業員は意欲的になり、よりよいサービスへとつながっていくはずです。**「ありがとう」のひと言が、ブラック企業とは反対の、正のスパイラルを生み出す**のです。

KEYWORD

ブラック企業……長時間労働や過剰なノルマ、ハラスメント行為の横行、賃金不払いなど、従業員を劣悪な労働条件で酷使する企業のこと。

お金の使い方

14

無駄遣いも悪いことばかりではないって本当ですか？

POINT

失敗を繰り返して賢くなるのが人間。

無駄はなくならない だからこそ……

人間はとかく無駄なことをするものです。無駄にたくさん食べ、かつ飲み、無駄に夜更かしして無駄に睡眠時間を削り、これではきっと体を壊すぞと無駄に心配する。

そのくらいですから、無駄遣いもします。よく調べずに買って役に立たないことに気づき、捨てるのも忍びなく、押し入れに入れっぱなしのモノは、どこの家庭にもあるはずです。日常の買い物でも、私たちがしばしば無駄遣いをしていることは、冷蔵庫の中を見ればわかります。賞味期限の切れた食材のあれこれは、人間がつねに無駄をする生き物であることを教えてくれています。

とはいえ、人間は何事も失敗を繰り返して賢くなっていくものです。実際に自分で経験してみて、これはこうすればよい、こうしたら失敗する、といったことが体得できます。買い物も同様で、**無駄遣いをすることで経験値が上がり、より賢明な消費者になれます。**

それに付け加えるなら、**無駄遣いもまた、消費であることに違いはありません。**大枚をはたいた無駄遣いをすれば、お金を減らしたという悔しさはあるでしょうけれど、その消費は間違いなく誰かを潤わせ、社会に貢献しています。

そういう意味では、そもそも無駄遣いというものは存在しないのかもしれません。

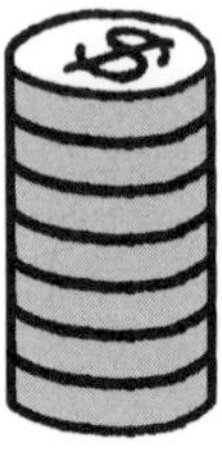

お答えしましょう！

人は無駄なことをするもの。むしろ無駄遣いをすることで経験値を上げ、より賢明な消費者をめざしましょう。

■無駄遣いが賢明な消費者を生む

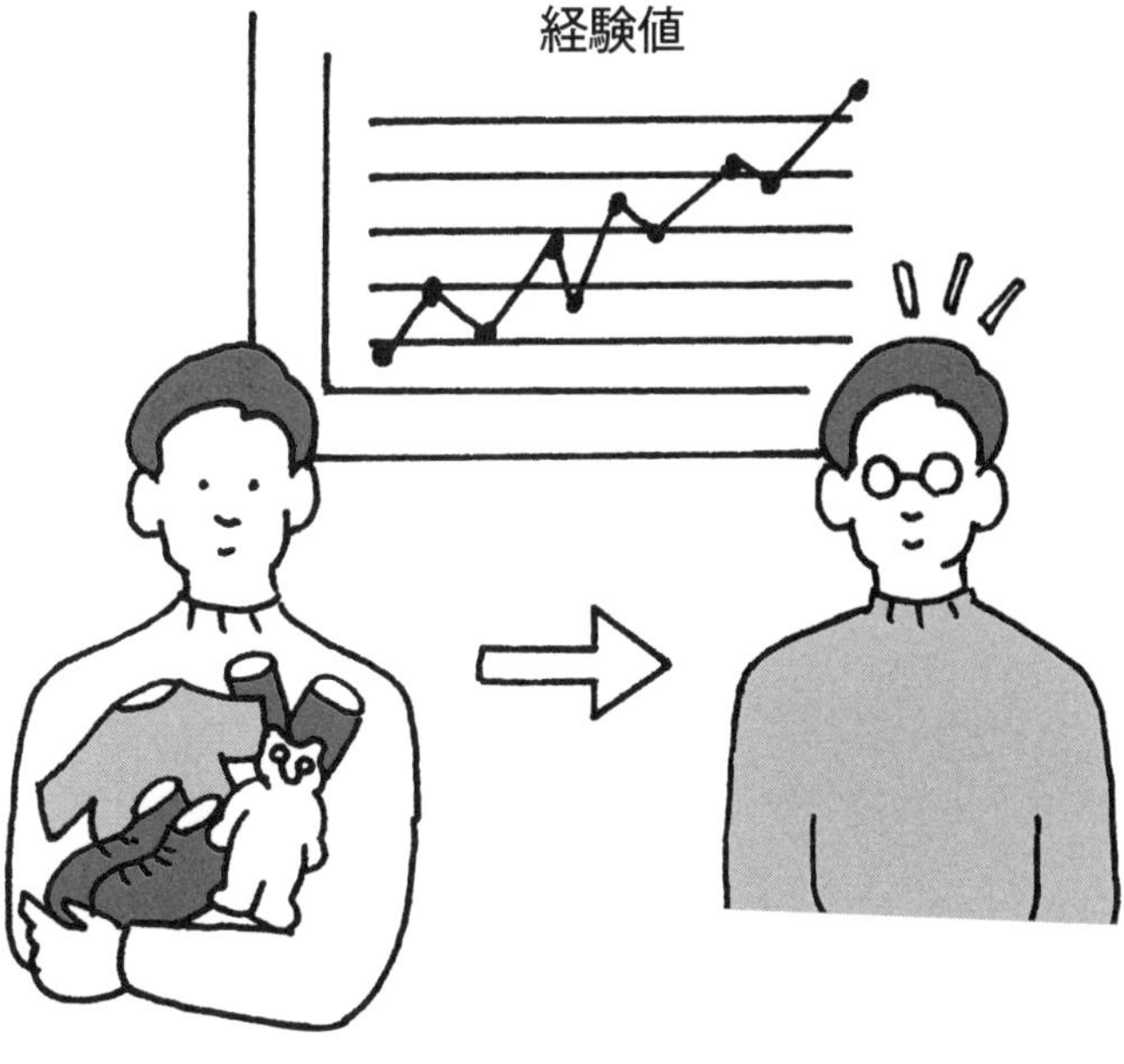

無駄遣いをしたことで、消費者としての経験値が上がり、より賢明な消費者になれる。

KEYWORD

無駄遣い……必要ないことや役に立たないことにお金をかけることで、浪費ともいう。人の意見に左右されやすい人などが無駄遣いをしやすいといわれる。

COLUMN 3

「穴＝社会課題」こそがビジネスチャンス

この世はビジネスチャンスにあふれている、と私はいつも思っています。理由は、世の中には多くの人が困っている社会課題がいくらでもあるからです。**その社会課題を解消することは、すべてビジネスチャンスになりえます。**

多くの人は、新しいビジネスは目新しいアイデアによってつくられると考えがちでしょう。しかし私が投資家として数多くの起業家を見てきて感じるのは、**優れた起業家とは、ほかの人が見落としている「穴＝社会課題」を発見してそれを埋めようとする人**だということです。

たとえば、私が応援しているアドレスという会社が見つけた「穴」は、空き家の増加です。アドレスは各地にある空き家をオーナーから借り受けてサブリースというかたちで会員向けに提供することで、「住まいのサブスク」というサービスをつくりだしました。空き家という社会問題を解消するだけでなく、空き家だったところに人が集まるようになれば、その地域経済の活性化にも寄与します。

私たちは、どうしてもニュースで取り上げられるような大企業や身近な企業に目を向けがちです。しかし目を凝らして世の中を見てみれば、「穴」を見つけ、その「穴」を埋めようと奮闘する企業の姿も見えてくるでしょう。

さらに、私のもとには起業家からの「話を聞いてアドバイスしてほしい」「出資を検討してほしい」といった相談も数多く寄せられています。「穴」を埋めようとする新たな企業も次々に誕生しているのです。

第3章

お金を手にするために知っておきたい仕事のこと

お金を手にするためには仕事をする必要がありますが、近年、仕事の概念やとらえ方が変わってきています。そもそも会社とはどういうところなのか？　成長する会社のポイントとは？　パラレルワーカーとしての働き方とは？　AIの進化が現実的になった時代における仕事のあり方を考えてみましょう。

これからの仕事
1
そもそも、会社とはどんなところなのでしょうか？

POINT
会社とは、人間が人間らしさを発揮できる場所。

会社に悪いイメージを抱くのはもったいない

私は本業の仕事のかたわら、いくつかの大学で講義をしていますが、最近の大学生の就職志向について、ある変化を感じています。それは、NPOやNGOで働きたいという若者が確実に増えていることです。

若者が会社よりもNPOやNGOにひかれるというのは、わからなくはありません。しかし、それは会社で働くことに対する不信感の裏返しだと私は考えています。

会社に就職したら意にそぐわない仕事をさせられ、ノルマに追われ、顧客にはひたすら頭を下げて……。社会経験の乏しい学生には、NPOやNGOにはそんなネガティブなイメージはないのでしょう。

でも私から見れば、彼らや彼女らは会社の何たるかを知らずに、勝手に悪いイメージを抱いているにすぎません。

会社とは何かというと、私は「人間が人間らしさを発揮できる場」だと思っています。なぜなら、会社というところは「この仕事をしていてよかった！」という思いや生きている実感を与えてくれるからです。しかも、それを仲間とともに分かち合えるのが会社です。

そもそも**会社を意味する「カンパニー」とは仲間のこと**です。さらに**株式会社の株式は、英語で「シェア」。こちらは分配という意味**です。

会社は、給料をもらうために我慢して働くところではありません。仲間とともに誇りをもって働き、生きている実感を分かち合う場にほかなりません。

お答えしましょう!

会社とは人間らしさを発揮できる場であり、仲間とともに生きている実感を分かち合う場だといえます。

■会社とは我慢して働くところではない

会社＝「カンパニー」は仲間、株式＝「シェア」は分配を意味するので、仲間とともに誇りをもって働き、生きがいを分かち合う場である。

KEYWORD

NPOとNGO …… NPOは非営利団体全体を表す言葉で、Non-Profit Organizationの略称。NGOは非政府組織を表す言葉で、Non-Governmental Organizationの略称。日本では国内の課題に取り組む活動をおこなう団体をNPO、海外の課題に取り組む活動をおこなう団体をNGOと呼ぶ傾向にある。

日本人は、会社が嫌いって本当ですか？

お答えしましょう！

日本人の多くは会社が嫌いなのに転職も独立もせず、自己研鑽の気持ちも低いというのが実情です。

■ 従業員エンゲージメントの国際比較

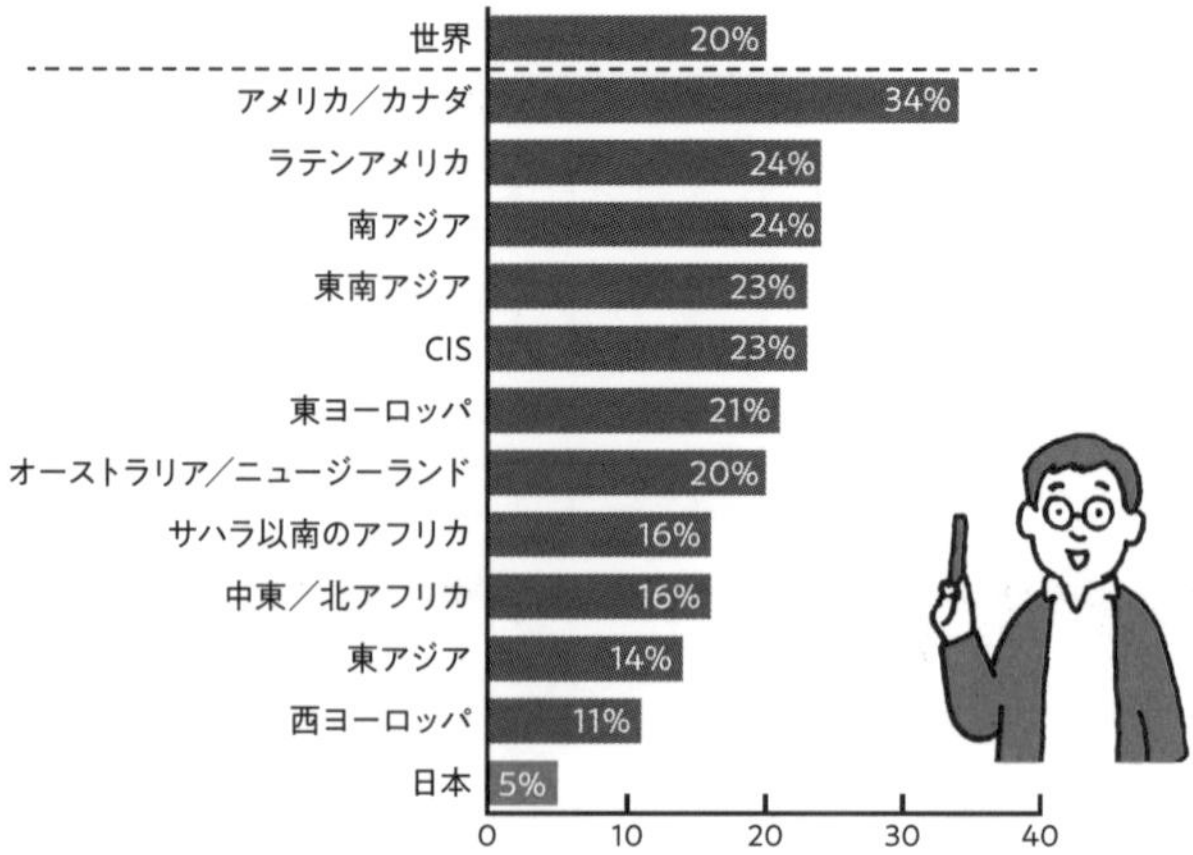

出典：経済産業省『未来人材ビジョン』
（GALLUP "State of the Global Workplace 2021" をもとに経済産業省が作成）

POINT

「日本人は仕事熱心」は思い込みにすぎない。

会社が嫌いなのに転職もしたくない日本人

学生が会社によいイメージを持っていないのも、無理はないかもしれません。日本人は仕事熱心だと思っている人は多いと思いますが、じつは**世界との比較でいうと、「日本人は会社嫌い」**なのです。2022年に経済産業省が「未来人材ビジョン」を発表した際、そこで示されたさまざまなデータは人々に衝撃を与えました。

　たとえば、アメリカの調査会社ギャラップが2021年に実施した調査によると、従業員エンゲージメントが強い、つまり**「会社とお互いに貢献し合える関係にある」と感じている社員の割合は5％にすぎず、**これは世界のなかで見ても最低水準です。

■ 自分の成長を目的として行っている勤務先以外での学習や自己啓発活動

	日本	韓国	アメリカ	イギリス
読書	23.2%	39.1%	41.0%	38.0%
研修・セミナー、勉強会などへの参加	11.6%	21.6%	27.2%	22.7%
資格取得のための学習	15.9%	27.4%	20.3%	14.1%
通信教育、eラーニング	7.1%	9.8%	20.1%	20.1%
語学学習	9.9%	25.9%	15.7%	13.7%
副業・兼業	8.9%	15.4%	20.6%	12.2%
NPOやボランティアなどの社会活動への参加	3.4%	8.4%	17.7%	15.2%
勉強会などの主催・運営	2.9%	9.6%	11.9%	9.2%
大学・大学院・専門学校	1.7%	3.5%	12.5%	4.5%
とくに何も行っていない	52.6%	19.3%	15.7%	24.1%

出典：パーソル総合研究所
「グローバル就業実態・成長意識調査（2022年）」より抜粋

また、パーソル総合研究所がアジア・パシフィック地域を対象に2019年に実施した調査からは、「現在の勤務先で継続して働きたい人」の割合は日本では52％にすぎず、これは調査対象となった14カ国のなかで最低となっています。

ちなみに同じ調査において、**「転職意向がある人の割合」「独立・起業志向のある人の割合」も日本は14カ国のなかでもっとも低く、**「会社は嫌いだけれど、転職したり独立したりするつもりもない」という人が多いことがうかがえます。

そのうえ、**日本人は自己研鑽の気持ちも低い**ことがわかっています。パーソル総合研究所が2022年に実施した調査で「自分の成長を目的として行っている勤務先以外での学習や自己啓発活動」について尋ねた項目があるのですが、日本人の回答でダントツ1位になったのは「とくに何も行っていない（52・6％）」でした。

日本人には、不満ばかりなのに自己研鑽もせず、変化を起こしたり挑戦したりすることもなく毎日を過ごす、残念な傾向があるのです。

大企業で働けば安心というのは本当ですか？

お答えしましょう！

大企業も二極化が進みそう。優れた会社かどうかは規模を問わず、個別に見極めよう。

■ 日本経済の足を引っ張っていたのは？

「失われた20年」のうち後半10年は、中小企業が株価を伸ばす一方で、大企業30社の株価はマイナス24％と、足を引っ張っていた。

POINT

日本の経済史に残る停滞期の元凶は、じつは大企業だった。

大企業は二極化が進み選別が重要に

大学生の就職人気企業ランキングを見ると、毎年同じような顔ぶれの大企業が上位に登場しています。これは、大企業は安定しているというイメージゆえでしょう。しかし、**大企業なら安心で中小企業はリスキーだという認識は正しくありません。**

たとえばバブル崩壊後、「失われた20年」とも呼ばれる経済停滞期のうち後半の10年間（2002〜2012年）に注目すると、じつは上場企業のうち7

割は株価が上昇しており、このうち5割の企業は株価も利益も2倍以上に伸ばしていたというデータがあります。上昇した企業の多くは中小型の成長企業であり、中小企業がすべてリスキーだというのは、思い込みにすぎないといえるでしょう。

一方、同時期の大企業に限ってみればどうでしょうか。東証1部（現プライム）上場企業のなかで時価総額と流動性の高い大企業30社の株価の値動きを示す「トピックス・コア30」に注目すると、同じ10年間でマイナス24%。つまり、日本経済の足を引っ張っていたのは大企業だったわけです。アベノミクスから2020年ごろまでのデータを見ても、トピックス・コア30はふるわず、じつは超大企業こそリスキーだったというべきでしょう。

ただし、2014年ごろから企業統治や企業経営のあり方について地道な見直しが進んでおり、さらに最近になって大企業の経営トップの世代交代が起きてグローバルな視点をもつタイプの社長も登場しています。

今後は、**大企業のなかでも昭和型企業と令和型企業の二極化が進むのではないかと思います。**「大企業なら安心」と考えず、企業規模を問わず、優れた会社を個別に見極める目をもつことが求められます。

■変わりつつある大企業

以前は社長ポストをゴールととらえる社長が多かったが、近年は社長ポストを新たなスタートラインととらえ、エネルギッシュに活動する社長が増えてきた。

これからの仕事

4

働く会社はどうやって選んだらよいでしょうか？

POINT

安定性や知名度、世間体などが会社選びの指標になると、仕事はつまらなくなる。

給料は辛抱や我慢をしてもらうものではない！

日本と違って、外国では自分の会社が「好きだ」という人が多いことがわかっています。とくにアメリカや中国では、8割くらいの人が好きと回答している調査結果があります。

これに対して日本は5割以下。この違いの理由は何かといえば、ごく簡単なことです。アメリカ人や中国人は会社がイヤになったら、すぐやめてしまうからです。そのため、「会社が好きですか」と聞かれて、嫌いだという人が少ないわけです。

一方、日本人は会社が嫌いでも、なかなかやめません。会社は「辛抱して給料をもらうところ」と思っている人が多く、もともと好き嫌いで会社を選んでいないからです。会社選びの指標は安定性や知名度、世間体などが中心で、そこに自分の「好き嫌い」や「思い」は含まれていません。

私は、**日本人はもっと好き嫌いで会社を選ぶべき**だと思います。自分はこの製品が好きだから、それをつくっている会社に入りたい。こういう仕事がしたいから、この会社の一員になりたい。つまり、**自分を主人公にして会社を選ぶ**のです。

自分の好きな会社で好きな仕事ができたら、これほど幸せなことはありません。それに、これは日本経済のためにもよいことです。なぜなら、いやいや仕事をするより、喜んで仕事をしたほうが同じ時間働いても、生産性が上がるからです。給料はその人の能力や成果に応じて支払われるものであって、けっして「忍耐料」ではありません。

お答えしましょう！

自分の「好き嫌い」を大切にしたうえで、自分自身を主人公と考えて、働く会社を選ぶべきです。

■会社選びのポイントは？

自分の「好き嫌い」をもっと重視して、会社を選ぼう！

KEYWORD

生産性 …… 労働力や機械設備、原材料などの投入量と、それによって得られる製品やサービスの生産量の割合のこと。

これからの仕事

5

「就社」の時代が終わったあと、大切なものは何ですか?

POINT

人生を保証するのは、会社ではなく、自分自身だ。

ひとつの会社に縛られず、自由に職場を選べる時代

好きでもない会社に日本人が辛抱強く勤めてきたのは、必ずしも我慢強いからではありません。毎月の給料のほかに各種手当があり、社宅や保養施設が完備され、定年まで勤め上げれば、それ相応の退職金を手にすることができたからです。

つまり、そこには損得勘定が働いているのですが、かつて昭和の時代の日本企業は、厚遇によって不満のある社員をつなぎとめておくことができました。

日本の終身雇用は、そうやって維持されてきたわけです。

終身雇用、すなわち定年まで勤め上げるのが前提ですから、日本では就職＝「就社」でした。

ところが平成になると、その終身雇用が大きく揺らぎ始めます。リストラが急増し、ボーナスカットも進み、社員の不安と不満がふくらみました。会社も早期退職制度を設けるなどして、社員減らしを本格化させました。

こうして終身雇用が崩れて人材の流動化が始まりましたが、これは働くことが「所属」を意味しない時代になったということです。**生涯一社ではなく、一人の人が複数の会社とかかわりながらキャリア形成をするのが当たり前**になってきたわけです。

そうなると、重要になってくるのは個人のスキルや専門知識です。それがあれば、ひとつの会社に縛られることなく、自由に職場を選ぶことができます。そう、**人生を保証するのは、会社ではなく、自分自身**だということです。

お答えしましょう!

複数の会社とかかわりながらキャリア形成する時代において重要なのは、自分のスキルや専門知識です。

■会社との付き合い方の変化

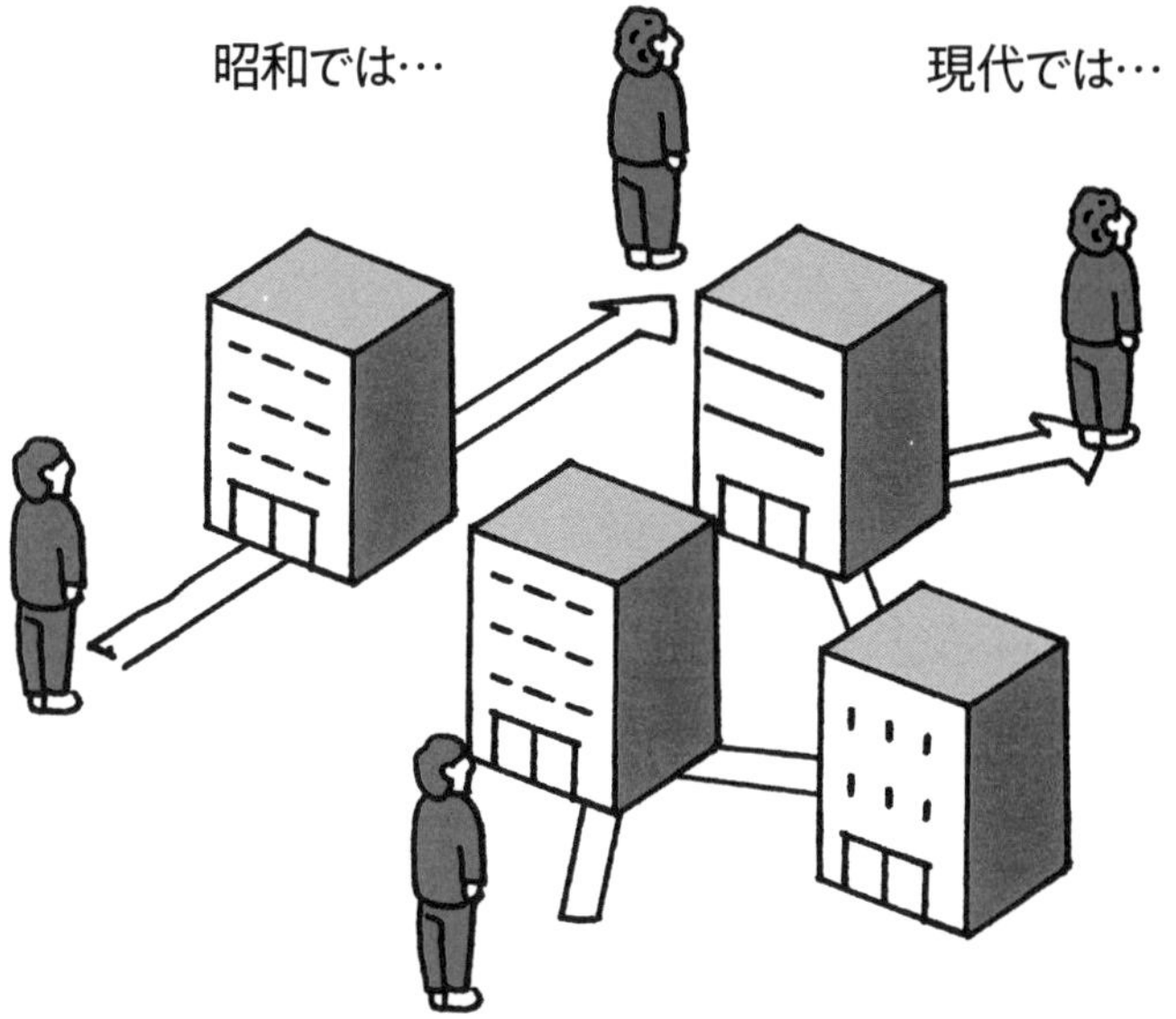

昭和の時代は終身雇用が当たり前であったが、経済の低迷や成果主義の採用などから人材の流動化が始まり、現代では複数の会社とかかわりをもってキャリアを形成するようになった。

KEYWORD

キャリア……過去の職務経験や、それに伴う能力開発の継続的なプロセスのこと。厚生労働省ではキャリアを「時間的持続性ないしは継続性をもった概念」と定義している。

これからの仕事

6

会社にはなぜ社是や経営理念があるのでしょうか？

POINT

社是や経営理念があっても、形骸化しているのでは意味がない。

あなたは社是や経営理念を知っている？

たとえば街で通行人をつかまえて、「あなたの会社の社是を教えてください」と聞いたとしま
す。即座に答えられる人もいれば、「えーと、何だっけ」と口ごもる人もいるでしょう。なかには「うちの会社、社是なんてないよ」という人もいるかもしれません。

ほとんどの会社は社是や経営理念が定められていますが、それが社員に浸透しているかどうかは会社によってまちまちです。さらに、社員が社是や経営理念を知っているからといって、本当に浸透しているかどうかも、また別です。ただお題目のように唱えているだけの社是も少なくないからです。

重要なことは、**「自分は何のために働いているか」を社員各人が意識しているかどうか。これは仕事のモチベーションを左右するポイント**です。

機械工具などの卸売りを手がけているトラスコ中山（本社・東京都）は、経営理念の浸透に熱心に取り組む企業として注目されています。

この会社では人事評価のひとつに「理念に基づいているか」という項目があり、それも社員だけでなく、役員も同様に評価されることになっています。そのようにして、幹部から社員まで理念の浸透を図っているわけです。

ともすれば**形骸化しやすい社是や経営理念を、日々の仕事にどう結びつけて実践していくか。**経営理念を文字どおり「理念」だけに終わらせないための取り組みが求められています。

お答えしましょう!

社是や経営理念は「何のために働くか」の指針で、仕事のモチベーションを左右するポイントになるからです。

■社是や経営理念とモチベーションの関係

社是や経営理念が浸透している会社ほど、社員みんながテキパキと働いており、モチベーションも高い。

KEYWORD

モチベーション……人がある一定の方向や目標に向かって行動を起こす、それを維持するための動機や原動力となる要因。ビジネスの場面では「仕事への意欲」をさす。

これからの仕事

7

成長する会社の意外な共通点はありますか？

POINT

ホームページからでも、社長の本気度や覚悟はうかがえる。

社長の顔や方針が見えるかどうかは大事なポイント

これは長年にわたって多くの会社を見てきた投資家として自信をもっていえますが、じつは成長する会社にはある共通点があります。

それは、**会社のホームページに社長が顔写真付きで登場している**ことです。

本当かなと思うかもしれませんが、こういう会社は伸びていくことが多いのです。一方、社長の顔写真を載せていない会社は、おしなべて株価はよくありません。

これは実際の株価のデータに基づく、私の投資ポイントのひとつです。

さらにもうひとつ、社長のメッセージにも注目してみてください。そのなかで使われている主語が「私」あるいは「私たち」になっているか。それとも「当社」とか「弊社」という表現を使っているか。

前者であれば、その会社の評価ポイントは高くなります。「私はこうします」「私たちはこう考えます」と**自分を主語にしているメッセージには、社長の本気度と覚悟がうかがえる**からです。

一方、「当社は」とか「弊社は」といった他人事のような言葉からは、強いメッセージは伝わってきません。

付け加えるなら、ホームページにトップである社長が登場しない会社もありますが、こういう会社は要注意かもしれません。通常、何か後ろ暗いことをしている会社は、社長が前に出てくることはまずないからです。

お答えしましょう!

ホームページに社長が顔を出していて、社長のメッセージの主語が「私」や「私たち」になっている会社です。

■成長する会社の共通点

私たちは会社の理念を、次のように考えています。
私は、未来は自分たち次第だと思っています。
伸びる会社に共通しているのは、会社のホームページに社長が顔写真付きで登場していることや、自分を主語にしてメッセージを発していることなどです。

KEYWORD

株価 …… 上場企業が発行する株式の1株当たりの価格のこと。企業の資産規模や発行株数によって株価に差がある。ちなみに、発行済み株式数と株価を掛け合わせたものが時価総額になる。

これからの仕事
8

成長する会社とは、ズバリどんな会社ですか？

POINT

多くの人に支持される商品やサービスを展開する会社は強い。

「小さな穴を埋める」ことは不変の価値をもつ

成長企業を見つけるとき、まず成長業界に目を向ける人が多いでしょう。成長している業界なら当然、成長企業が多いだろうと考えます。しかし、これはそうともいえません。

実際に成長企業があるから、その業界は伸びているのですが、そうした成長業界で、個々の企業が生き残るのは容易ではありません。一般に注目される業界ほど競争が激しいのが普通です。つまり、**企業が成長するかどうかは業界で決まるわけではない**ということです。

では、成長企業とはどういう企業か。これに対する、もっとも適切な答えは「世の中のためになっている会社」だと私は考えています。

より多くの人がその会社の商品やサービスを支持することによって業績は伸びていきます。顧客の支持が得られない会社が成長することはありません。**多くの人が支持する会社というと、結局「世の中のためになっている会社」になる**わけです。

ちなみに、世の中のためになる会社というのは、画期的な技術開発によってイノベーションを起こすような会社ばかりではありません。むしろ**人々が見落としていた問題や不便を見つけて、それを解消するビジネスを展開している会社。**私はそういう会社に注目します。

いわば「小さな穴を埋める」会社ですが、伸びる会社はやがて世界中の穴を埋めるようになります。それは「世の中のためになる」が不変の価値をもっているからです。

お答えしましょう！

たとえば人々が見落としていた問題や不便を解消するビジネスを展開するような、「世の中のためになる会社」です。

■成長する会社とは？

小さな穴こそ、ビジネスチャンスね！
問題＝穴を埋めることで、会社も伸びるね

世の中の問題や課題を見つけ、それを解消することで、世の中のためになることができる会社。

KEYWORD

イノベーション……「革新」や「刷新」、「新機軸」などを意味する言葉。ビジネスでは、モノや仕組み、サービス、組織、ビジネスモデルなどに新たな考え方や技術を取り入れて新しい価値を生み出し、社会に大きな変化をもたらす取り組みを示すこと。

これからの仕事 9

そもそも、給料は誰からもらうものですか？

POINT

社会によって暮らしが支えられているという視点は大切。

給料を得るために必要なのは多くの人に喜んでもらうこと

いうまでもなく、給料は労働の対価として会社から支払われるものです。したがって、給料は会社からもらうもの、と思いがちですが、これは正確ではありません。

社員が会社から受け取るお金は、たしかに会社の売上から出ています。つまり会社が稼いだお金ですが、その稼ぎは、多くの顧客が製品を買ったり、サービスを受けたりしてお金を払ってくれたから生まれたものです。もし顧客がいなければ会社の稼ぎはなく、したがって社員の給料も出ないことになります。

そう考えて、**個人の給料の出どころをたどっていくと、その会社にお金を払ってくれたのは顧客である多くの人々で、それはいわば「社会」になる**わけです。

そう考えると、私たち個人の暮らしは社会によって支えられていることがわかります。

実際に毎月の給料を振り込んでくれるのは会社ですから、そういう意識はもちにくいかもしれませんが、じつは社会が食べさせてくれている。この視点は仕事をするうえで大切だと思います。

なぜなら、**腐心すべきは上司の機嫌をとることではなく、社会の役に立って多くの人に喜んでもらうこと**だと気づくからです。その結果として、会社の売上が伸び、社員の給料も増えるわけです。

会社の外に目を向けましょう。そこには喜んでもらう対象が無限に広がっています。

お答えしましょう!

給料は会社から受け取りますが、その元をたどると、会社にお金を払ってくれた「社会」であることがわかります。

■給料の出どころは?

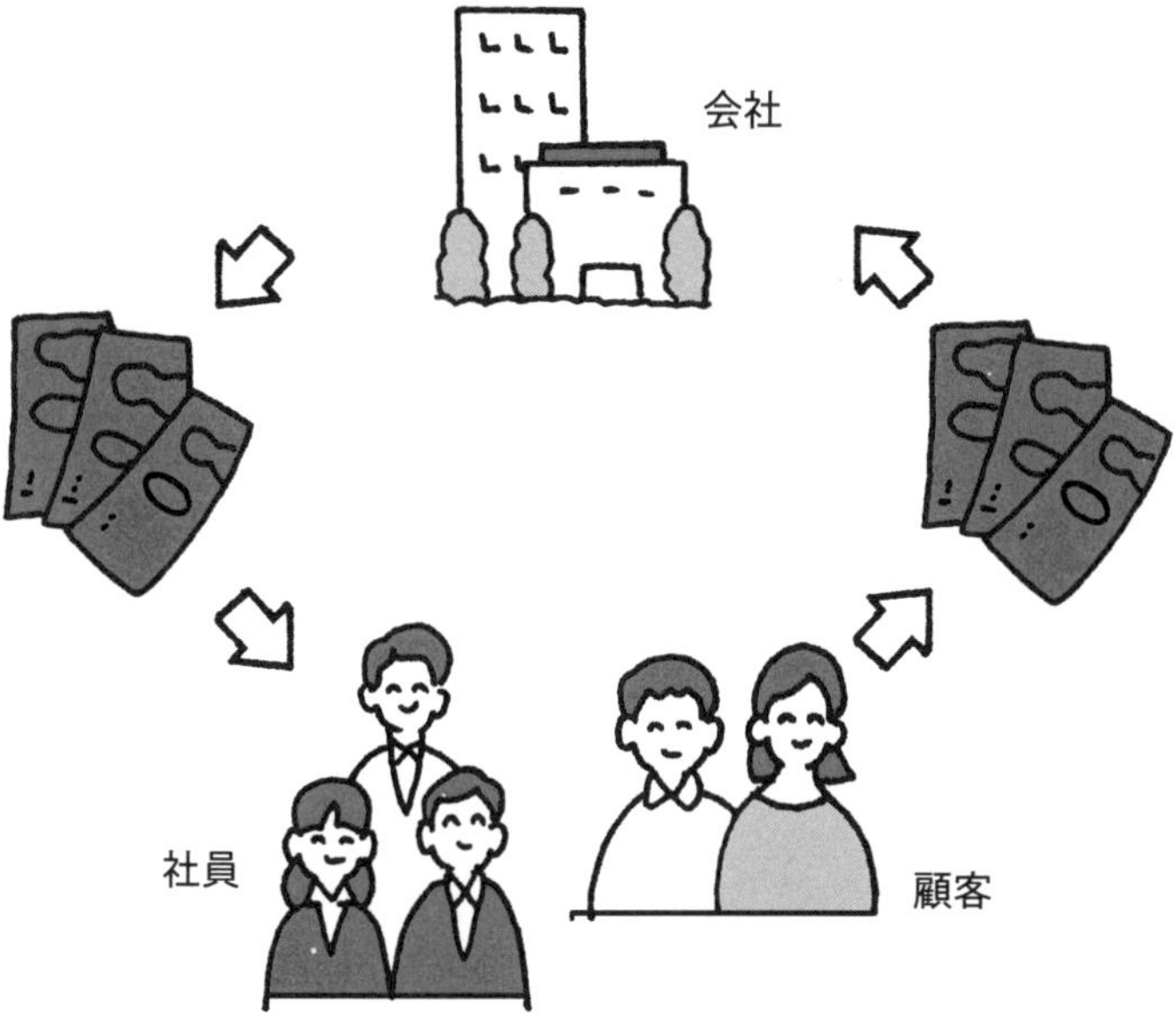

会社の外の喜んでもらえる対象にこそ目を向けよう!

直接的には会社だが、その会社にお金を払ってくれたのは顧客であり、ひいてはそれは社会である。

給料はどうやって決まるのでしょうか？

お答えしましょう！

かつては年功給が中心でしたが、平成の不況期になると、成果主義が導入され始めました。

■ 給与体系の変化

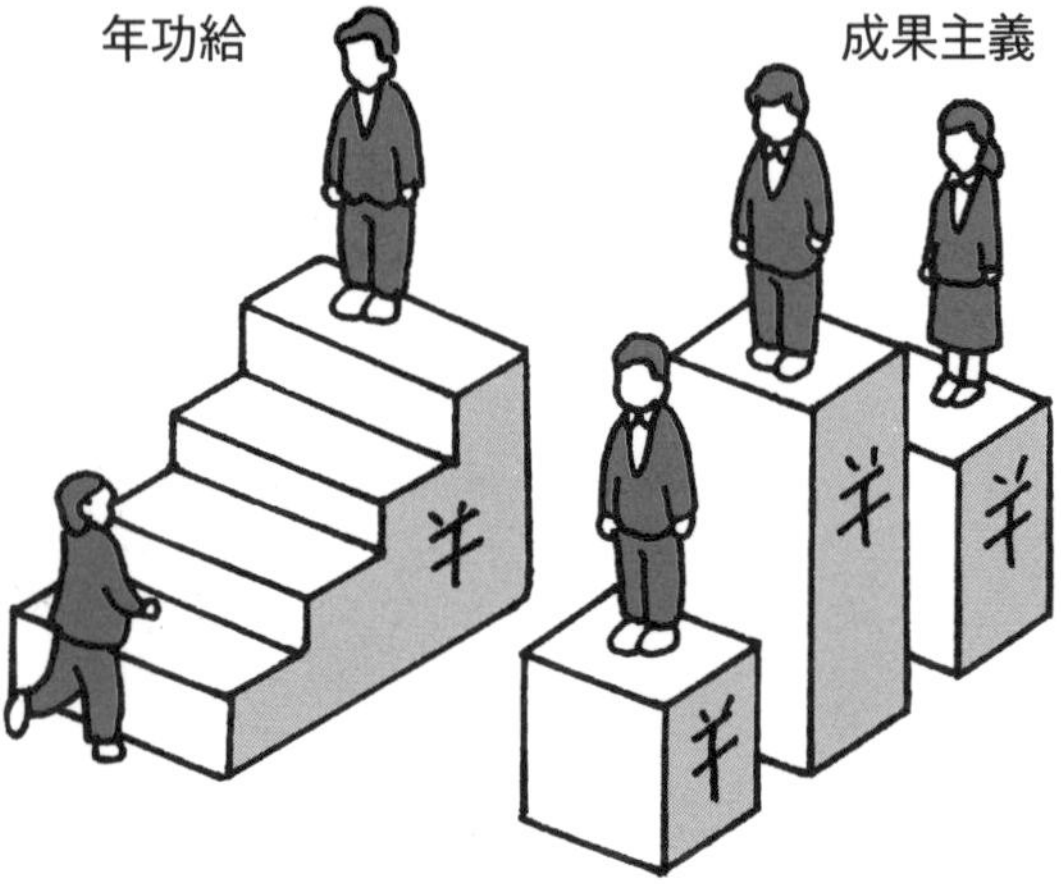

平成以降、日本でも、給与体系が年功給から成果主義へと移行し始めた。

成果主義を補う新しい評価システムも

日本企業は、もともと勤続年数によって給料が増えていく年功給が中心でした。高度経済成長期にはそれでやっていけましたが、平成の不況期になると、それが維持できなくなります。

そこで導入されたのが、成果主義です。**仕事で出した個々の成果が給料に反映される**ことになり、これによって能力の高い若手の意欲が喚起されました。

この年功と成果主義のほかに、給料は需要と供給のバラン

POINT
時代や需要と供給のバランスによって決まる。

■ ピアボーナスとは?

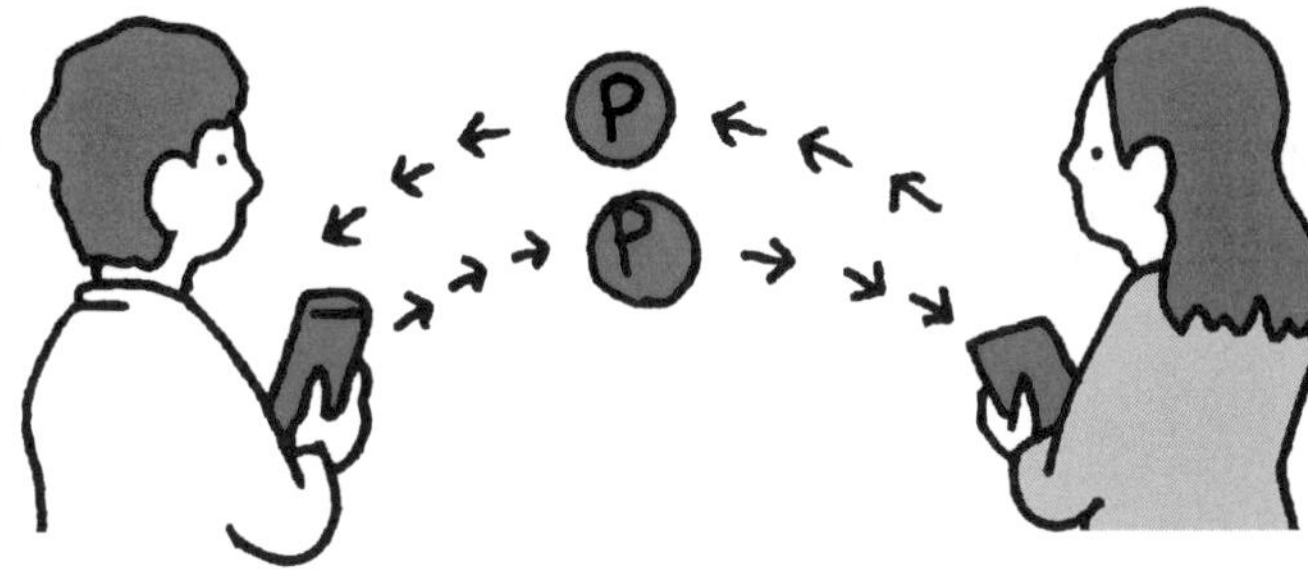

社員同士で報酬を贈り合うことができる制度のこと。

スによって決まる側面もあります。そのため、需要が高いのに人材育成が追いつかず人手不足になっている専門技術者などは、給料が高くなるわけです。

さらに近年、ベンチャー企業で導入され、**新しい評価システムとして注目されているものに「ピアボーナス」があります。**

「ピア」とは同僚のことで、社員同士で報酬を贈り合うことができる制度です。日々のちょっとした気配りや力を貸してもらったことなどに対して、パソコンやスマートフォンで感謝のメッセージを添えてポイントを送信。ポイントは月ごとなどで集計され、その数に応じた金額が給料やボーナスに加算されるという仕組みです。

これにより、ほめ合うことでお互いを尊重する空気が生まれ、組織風土がよくなるほか、成果主義では評価されにくかった縁の下の力持ち的な仕事も報われるなどのメリットが期待されています。

KEYWORD

成果主義……従業員の年齢や社歴などにかかわらず、仕事の成果や成績などに応じて待遇を決定する人事制度。

これからの仕事
11

お金を稼ぐためにはどんな力が必要ですか？

お答えしましょう！

多くの人が喜ぶ価値をつくりだすのが「稼ぐ力」です。そして、その根幹には強い動機が必要です。

■ お金はどこに集まる？

お金が集まるところ ＝ 多くの人が喜んだ「価値」を生み出した人

多くの人が喜ぶ価値をつくりだすことこそ「稼ぐ力」といえる。

強い動機が宿る仕事に多くの人は引きつけられる

お金は絶えず世の中をぐるぐると回り続けていますが、ところどころに、たくさんのお金が集まるようになっています。それは、どんなところかというと、多くの人にとって価値のあるところです。

　価値のないところにお金は集まりません。だから、**もしお金を稼ぎたければ、多くの人が喜ぶ価値をつくりだせばいい**わけです。そうした価値をつくること。すなわち、それが「稼ぐ

POINT
お金が集まるのは、価値のあるところ。

■ 隈研吾さんと新国立競技場

新国立競技場のデザインを担当した隈研吾さんは、「自然との調和」という価値を打ち出す建築家である。

力」です。

　では、価値のあるものを生み出すのに大切なことは何か。そのひとつは、強いメッセージを打ち出せることだと思います。

　そこで思い浮かぶのが、建築家の隈研吾《くまけんご》さんです。新国立競技場のデザインを担当したことで知られる隈さんですが、その仕事に込められているメッセージは「自然との調和」です。

　隈さんが手がける、木材を巧みに活かした建物は、その素材と造形で多様な「和」の世界を表現しており、見る人に安らぎと感動を与えてくれます。たんに斬新な建造物なら世間にたくさんありますが、隈さんの建築作品からは、かくありたいという強い動機が伝わってきます。

　その動機とは「自然との調和」を表現することですが、隈作品を見ていると、**価値を生み出す根幹には強い動機がある**ことを教えられます。**強い動機が宿る仕事は、人を引きつけるパワーを秘めている**のです。

KEYWORD

隈研吾……国内外で数々の建築賞を受賞している建築家。周囲の環境や文化に溶け込むような作品を特徴とする。

独創的なアイデアはどうやったら生み出せるのですか？

お答えしましょう！

誰もが驚くようなアイデアは、人とは違う視点で対象の本質をつかむことによって生まれます。

■ 独創的なアイデアを生み出すためには？

人とは違う視点をもてるかどうかがカギを握る。

POINT

価値あるものを生み出すためには独創的なアイデアが必要。

人にはない着眼点がポイントになる

価値あるものを生み出す2つ目のポイントは何か。それは**人とは違う視点をもてるかどうかだと思います。**

東京2020オリンピック・パラリンピック大会の聖火台をデザインした佐藤オオキさんは、これまで多くの国内外の賞に輝いた気鋭のデザイナーです。その独特の着眼点は若くして存分に発揮されていたらしく、まだ20代のときに、こんなエピソードを残しています。

■佐藤オオキさんとガンダムベア

ガンダムとテディベアを組み合わせたガンダムベアは、独創的な着眼点から生まれた。

あるとき「ガンダム展」で販売する特製グッズの企画を担当することになった佐藤さんが、あるサンプル商品を持参して会議に出たところ、出席者全員が首をひねりました。

佐藤さんが手にしていたのは、クマのぬいぐるみのテディベアだったからです。「機動戦士ガンダム」と愛くるしいぬいぐるみ。なんとも意表を突いた取り合わせですが、ただ、そのテディベアは通常のものとは違い、カラフルなストライプ柄でした。

その配色はたしかにガンダムっぽく、会議を重ねるうちに、そのテディベアがガンダムに見えてきたといいます。結局、それはガンダム展の公式グッズとなり、すぐに完売したそうです。

ガンダムとは似ても似つかない形状のぬいぐるみに、ガンダムらしいエッセンスを見いだす。まさに人にはない着眼点がもたらした成功例といえます。

KEYWORD

佐藤オオキ……デザイナー。2024年運行予定のフランス高速鉄道TGVなどのデザインも手がけている。

これからの仕事

13 AIやロボットは人間の仕事を奪うのでしょうか？

POINT

人類の歴史は、便利なものを発明しては新しい価値を手に入れてきた。

AIを闇雲に恐れる必要はない

2023年は「Chat《チャット》GPT《ジーピーティー》元年」というべき年になりました。

この対話型AI（人工知能）にかかると、質問に対して自然な文章で回答を返してくれるだけでなく、文章の添削や校正、内容の要約もオーケー。さらにプログラミングの補助や和訳・英訳、小説やシナリオの創作まで可能というから、すごい時代になったものです。

こうしたAIの進化によって、仕事が奪われると戦々恐々としている人は多いことでしょう。

たしかに仕事によっては今後、AIに取って代わられることは否定できないでしょう。ですが、ここは少し冷静になる必要があると思います。というのは、今回直面している問題は、これまでも人間が何度も経験してきた問題だからです。

一例をあげるなら、かつて人を運んで走っていた人力車は、電車の登場によってなくなりました（近年、観光地ではよく見かけますが）。しかし、それによって人々は不幸になったわけではなく、便利さと遠くへ行く楽しさを手に入れました。

つまり**人類の歴史は、便利なものを発明しては新しい価値を手に入れてきた歴史**だといえます。それはChatGPT登場以後も同じだということです。

恐れるのではなく、**AIがもたらす恵みにどう対応し、その変化に合わせた価値をどう生み出していくか。**――私たちが今後、問われているのは、そこです。

＼ お答えしましょう！ ／

仕事を奪われると恐れるのではなく、AIによる変化に合わせて新しい価値を生み出していきましょう。

■技術の進歩がもたらしてきたもの

人類は、便利なものを発明し、それによって新しい価値を手に入れてきた歴史をもつ。

KEYWORD

ChatGPT……生成AIの一種で、ユーザーが入力した質問に対して、まるで人間のように自然な対話形式でAIが答えるチャットサービス。

これからの仕事

14

副業OKの時代の新しい働き方とは？

POINT

複数の仕事を掛け持ちすることで、スキルの幅も広がり、人的ネットワークも広がる。

可能性を広げるためパラレルの道に踏み出そう

社員の副業を禁じている会社はまだまだ多いのが実情ですが、私が経営している会社では、副業をしても全然構いません。むしろ、いろいろなところで経験を積んでもらったほうが新しいアイデアが生まれるなどのメリットがあると考えています。

最近、社員の副業を認める会社が増えていますが、「当社はこのたび副業を解禁しました」などと胸を張っている会社は、おかしいといわざるをえません。もともと労働基準法には副業を制限する条文はなく、特別な場合を除いて会社が社員の副業を禁じることはできないからです。ですから、副業解禁もなにも、そもそも禁止していたことがおかしいわけです。

「一生一社」の時代は終わり、これからは同時に複数の職場から収入を得る働き方が主流になっていくでしょう。こういうふうに複数の仕事を掛け持ちしながら働く人を「パラレルワーカー」といいますが、そのメリットはいくつかあります。

まず、**スキルの幅が広がってキャリアアップにつながり、人的ネットワークも広がります。**また、本業以外の収入が得られ、収入源が分散することで、個人にとって万一の場合のリスクヘッジにもなるでしょう。

日本では何事も「ひとつの道を邁進すべし」といった考え方が根強くありますが、ビジネス界では揺らぎ始めています。その「ひとつの道」から踏み出したとき、そこには大きな可能性が広がっているはずです。

お答えしましょう！

同時に複数の仕事を掛け持ちしながら働く、「パラレルワーカー」的な働き方が主流になっていくでしょう。

■これからの時代の働き方

パラレルな働き方はキャリアアップにもつながるぞ！
スキルアップ
人的ネットワーク

複数の仕事を掛け持ちしながら、スキルの幅や人的ネットワークを広げていく働き方が主流になっていく。

KEYWORD

パラレルワーカー……同時並行的に、複数の仕事をもった働き方を実践する人材のこと。

COLUMN

4

アフターコロナの新しい働き方

新型コロナウイルスは、私たちに働き方について見直すきっかけを与えてくれました。

私には「社員に満員電車の苦痛を味わわせたくない」という思いがあり、以前から試験的に在宅ワークの導入を進めていました。コロナ禍が始まった2020年2月には在宅ワークを導入し、現在も出社とリモートワークを社員が自由に組み合わせて働けるようにしています。

世の中ではリモートワークがコロナ禍をきっかけに急速に普及した一方で、オフィス回帰の動きも見られるようです。今後はどうなるのでしょうか？

キーワードは「公私混同」です。すでに私たちが経験したように、場所を問わず仕事をする人が増えれば、公私の区別はむずかしくなります。もちろんすべての企業で「公私混同」が進むとは思いませんが、これからは**「公私が区別される会社もあれば、公私混同の会社もある」**という状況になるでしょう。それは、**働き方や生き方の多様化が進む**ことを意味します。

私の会社では、公私混同を前提にオフィスを作り替えました。私が考えたのが**「オフィスの公園化」**です。オフィスを週末も含めて自由に出入りできるオープンな場とし、仲間たちとお茶を飲みながらおしゃべりするようなリラックスできる空間をつくる。そのうえで個室ブースを用意して、集中して仕事をするときはそこを利用する――。この新しいオフィスで社員一人ひとりが最高のパフォーマンスを発揮できるよう、環境を整えていきたいと思っています。

第4章

明るい未来をつくる教養としての「投資」

「投資」と聞くと、まずお金を増やす目的の投資を思い浮かべますが、「教育投資」や「設備投資」「社会投資」「自己投資」など、じつはいろいろな種類の投資が存在します。それでは投資とはいったい何なのでしょうか？その本質を考えてみましょう。

投資の本質 1

そもそも、投資とはいったい何でしょうか？

お答えしましょう！

投資とは、未来のために、いまエネルギーを投入し、その未来からお返しをいただくことです。

■ 投資にはいろんな種類がある

お金を増やす目的の投資に限らず、教育投資や設備投資、社会投資、自己投資など、いろいろな種類の投資がある。

投資にはじつはさまざまな種類がある

あなたが一流大学卒の学歴で、いま大企業に勤めるエリート社員だとします。現在そうあるのは、もちろんあなた自身の努力もありますが、子どものころから塾通いをさせて一流大学を出させてくれた親のおかげでもあるはずです。

つまり、あなたは親から「教育投資」をされることによって大企業のエリート社員になった――。これも投資のひとつです。

そのほかに、工場や店舗を拡

POINT
投資は、未来を切り開き、社会を元気にしてくれるもの。

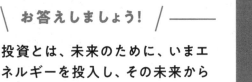

■ 投資とは?

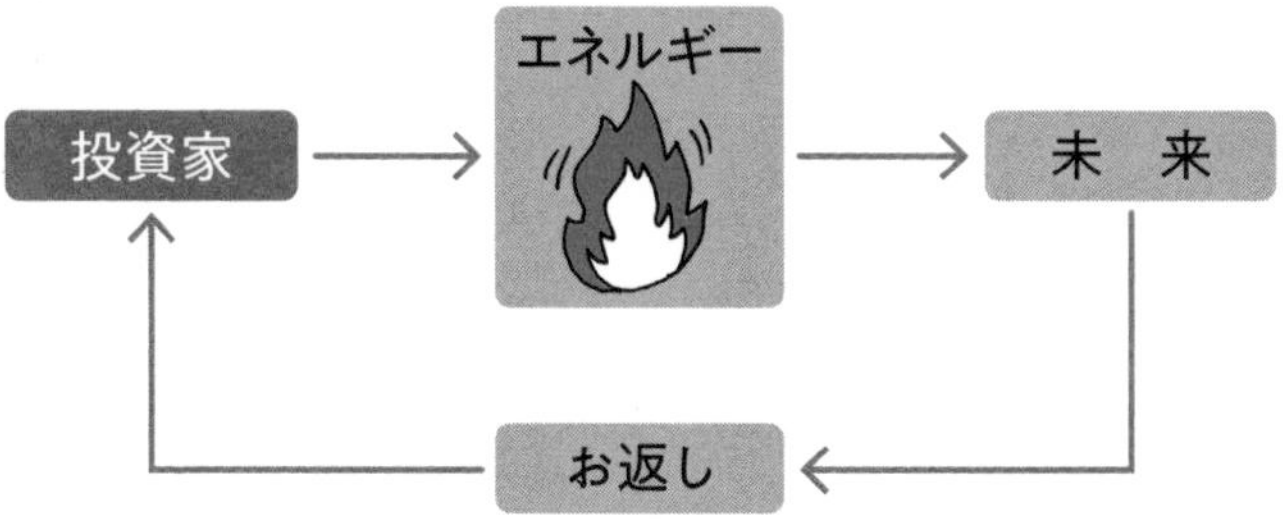

投資とは、エネルギーを投入して未来からお返しをいただくことである。

充するための**「設備投資」**、寄付とかボランティアにお金やエネルギーを注ぐ**「社会投資」**、自分のスキルアップのためにする**「自己投資」**……。いわゆるお金を増やす目的の投資は、世の中にさまざまある投資のなかのひとつにすぎません。

それでは、投資とはいったい何か。私なりの定義を述べるなら、それは「エネルギーを投入して未来からお返しをいただくこと」です。**将来のために、いまエネルギーを注ぐのが投資**というわけです。

このように考えると、世の中のさまざまなものは、投資のおかげで今日あることがわかります。あなたが愛用している商品は、かつて誰かがエネルギーを注いで開発したものです。あなたが勤務している会社は、創業者がお金とエネルギーを注いだから、いま存在しています。

つまり、未来を切り開き、社会を元気にしてくれるもの――。それが投資なのです。

KEYWORD

投資……将来の利益を見込んで自己資金を投じる活動。また、自己研鑽や人間関係においても使われる。

投資の本質

2

投資に必要な「エネルギー」とは何ですか？

POINT

エネルギーの総量が大きいほど、未来からのリターンも大きくなる。

投資におけるエネルギーは5つの要素から成り立つ

スポーツをするにも頭を使うにもエネルギーは不可欠ですが、投資においてもエネルギーは大切です。では、投資における「エネルギー」とはどういうものでしょうか。

これも私なりの考えに基づく解釈ですが、**投資におけるエネルギーは次の5つの要素**からできています。

すなわち、**「主体性」「時間」「お金」「決断」「運」**の5つです。これらを掛け合わせたものがエネルギーの総量であると考えてください。したがって、これら5つすべてを動員することによってエネルギーは増強され、未来からのリターンも大きくなりやすくなります。

このなかで、最初の「主体性」というのはわかりにくいかもしれません。

投資をするといっても、そもそもそれは何のためなのか。それがはっきりしないことには始まりません。投資をするには、まず当人の「主体性」が定まっていなければならないのです。

ですから、この場合の「主体性」とは「やりたいこと」や「自分がすべきこと」であると言い換えることができます。

この**「主体性」が確立されたうえで「時間」と「お金」の使い方に自覚的になります。これに「決断」する力と「運」にまかせる謙虚さを掛け合わせたものが、投資のためのエネルギーなのです。**

以上が概略ですが、エネルギーをつくりあげる個々の要素については、このあと具体的に説明していきましょう。

お答えしましょう！

「主体性」「時間」「お金」「決断」「運」の5つの要素を掛け合わせたものが、投資におけるエネルギーです。

■投資におけるエネルギーとは？

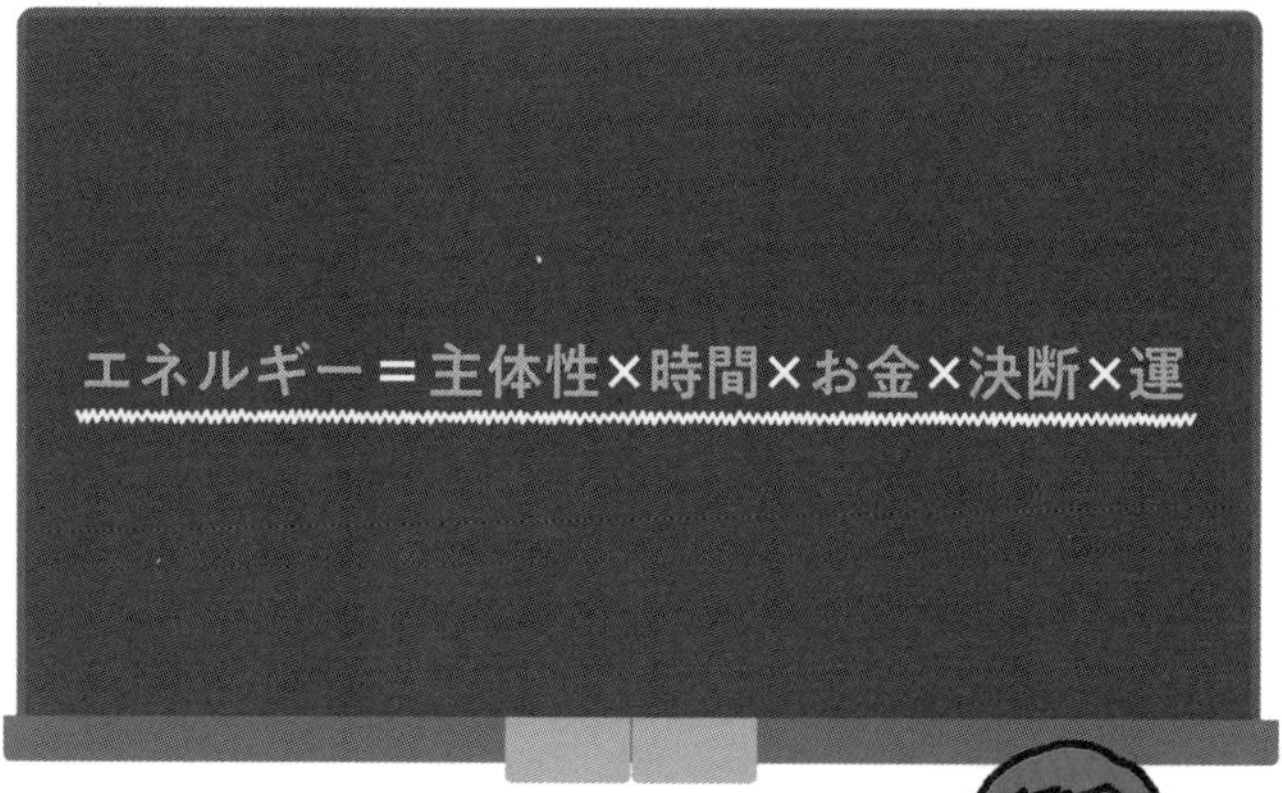

「主体性」「時間」「お金」「決断」「運」の5つの要素を掛け合わせたもの。これら5つを総動員することでエネルギーが増え、その分、未来からのリターンも大きくなりやすくなります。

KEYWORD

エネルギー …… モノを動かしたり、燃やしたり、光らせたり、化学反応を起こさせたりする力。何かを動かす動力。

投資の本質
3

やりたいことがわからないのですが……

POINT
人はお金を使うときに本音が表れる。

「やりたいこと」がわからない人のために

「主体性」とは「やりたいこと」だと述べました。でも、それがわからないという人も少なくないでしょう。

そうした人に投げかけてみたい質問があります。それは「もし10億円もらったら、何をしますか」です。

1年に1000万円ずつ使っても100年分。10億円あれば生涯、生活に困ることはありません。つまり、好きなことをして暮らしていける境遇になったとして、「さて、あなたは何をしますか」という質問です。

いままで「お金がないから」という理由でしなかったこと。欲しいけれど買えなかったもの。いろいろあると思いますが、それらを思い浮かべてみてください。そして、できるだけ具体的に、そのやりたいことがどのくらいお金がかかるかを計算しながら書き出してみることです。

じつは**人はお金を使うときに本音が表れます**。ふだん封印している本音が財布のヒモを緩めるときに出てくるのです。ですから、あなたの身のまわりにある買ったモノからは、あなたの本音をうかがうことができます。

さて、いまあるのは10億円です。ケチケチすることはありません。ふんだんにお金を使ってやりたいことができる。そう考えたときに、封印していた本音、つまり、「やりたいこと」が見えてくるのです。

このようにして**自分自身を見つめて「主体性」を養うこと**。これが投資の第一歩です。

お答えしましょう！

「10億円あったら何をするか」を自分に問いかけ、自分自身の「やりたいこと」を見つめ、「主体性」を養いましょう。

■投資における「主体性」とは？

主体性＝やりたいこと＝ふだん封印しているあなたの本音

10億円もらったら、何をするかを考えると「やりたいこと」が見えてくる。

KEYWORD

主体性……周囲の意見・指示などに頼らず、自分の意志・判断に基づいて行動を選択すること。また、自らの選択・行動によってもたらされる結果にも責任を負うことができること。

投資の本質 4

投資における「時間」にはどんな意味があるのですか？

POINT

時間が経つほどに価値が上がるものに投資する。

投資において効率は重要ではない

「時間」も投資においては大切な要素ですが、その意味するところは一般のビジネスの現場とは違っています。

どんな職場であっても「時間をかけずにさっさとやれ」と上司から言われるものですが、これは業務の効率を重視しているからです。しかし、**投資においては効率は必ずしも重要ではありません。むしろ時間をかけることが大切です。**

たとえば私の場合、どこかの会社の株を買うとき、最低5年間は保有することを前提にしています。投資家というと、短期間でせわしなく株を売買しているイメージがあるかもしれませんが、時間が経つほどに価値が上がるものに投資するのが、私の基本です。

短期の変動に振り回されず、着実に利益を積み上げていく会社に投資すれば、いずれ大きなリターンが期待できます。

時間を惜しんではいけないことは、投資先を見極めるときにも当てはまります。時間と労力を省いて、通り一遍のネット情報と電話、メールだけの情報収集ではダメです。私は、経営者とじかに会って話を聞く時間を惜しみません。それによって得られる情報や感触が会社を見極めるうえで重要だからです。

最近はあまりに効率が重視されすぎています。**目先の効率ばかり追求していると、長期的視野が失われてしまいます。**投資家はそれでは務まりません。繰り返しますが、投資とはエネルギーを投入して未来からお返しをいただくことです。

お答えしましょう!

効率が重視される世の中ですが、投資においては「時間」をかけることが大切です。

■投資における「時間」とは?

時間＝かけるもの＝長期的視野をもつこと

投資においては効率はさして重要ではなく、むしろ「時間」をかけることが大切なのです

長期的視野をもち、時間が経つほど、価値が上がるものに投資をするべし。

KEYWORD

時間……出来事や変化を認識するための基礎的な概念であり、誰にとっても平等で有限なものである。投資においては、時間をかけることが大切。

投資の本質

5

平等に与えられる「時間」をうまく使うためにはどうすればいいですか？

POINT

可処分時間の使い方で、投資におけるエネルギーはさらに増す。

時間の使い方で差が生まれる

先に「時間を惜しんではいけない」と述べましたが、それはあくまで大切なことに費やす時間のことです。

1日は誰にも等しく24時間。となると、やりたいことに注力するためには限られた時間のなかでやりくりするしかありません。そこで、注目したいのが「可処分時間」です。

可処分時間とは、1日のうち睡眠や食事、仕事など、生活するのに不可欠な時間を差し引いた、自由に使える時間のことです。

大雑把に睡眠8時間、仕事8時間とすると、1日の可処分時間は8時間。休日は仕事がないので、可処分時間は16時間になります。

これで計算すると、週休2日の人なら1週間分の可処分時間は72時間です。

さて、そこでおすすめしたいのは、先週1週間の72時間を振り返って、どんなことに、どれだけ時間を使ったかを具体的に書き出してみることです。そうして「見える化」をすることで、どこでどんな無駄な時間を使っているか、削るべきはどれかなどが浮かび上がってくるでしょう。

エネルギーの構成要素のうち、「主体性」(やりたいこと)は人それぞれで、使えるお金も人によってまちまちですが、1日に与えられた「時間」だけはみな同じです。

違いは可処分時間の使い方です。ここを見直すことで、投資におけるエネルギーがさらに増すはずです。

お答えしましょう！

1日のうちで自由に使える時間＝可処分時間を「見える化」して、その使い方を見直そう。

■可処分時間の「見える化」とは？

可処分時間＝1日24時間ー(睡眠＋食事＋仕事＋通勤＋入浴 etc.)

先週１週間の可処分時間を振り返って、どんなことに、どれだけ時間を使ったかを具体的に書き出しみると、無駄な時間が見えてくる。

KEYWORD

可処分時間……自分で自由に使うことができる時間。総務省が2022年に発表した「社会生活基本調査」によると、生活時間から睡眠や食事、仕事や家事などを抜いた日本人の可処分時間は、１日当たり６時間16分だった。

投資の本質
6

「決断」する力を身につけるためには？

POINT
投資の場合、4つの決断軸のうち「損得」を優先しがち。

「損得」よりも「好き嫌い」を大切に

「損得」「善悪」「美醜」「好き嫌い」。

これは何かというと、人がものごとを決めるときに無意識のうちに使っている指標です。すなわち、損よりも得を、悪よりも善を、醜いものよりも美しいものを、嫌いよりも好きなものを選ぶ、ということです。

この4つの決断軸のなかで、私がとくに大切にしているのは、じつは4つ目の「好き嫌い」です。

以前、ある会社の社長と会って釈然としないものを感じたことがありました。過度の自己顕示欲が感じられ、共感できないタイプの経営者だったからです。しかし、業績のよさに引きずられてしまい、その会社に投資することにしました。

すると、それからまもなく株価が急落し、損をしてしまいました。以後、好きになれない会社には投資しないと決めました。

私たちは「好き嫌い」の決断軸をもっと重視していいのではないかと思います。日常の消費でも、4つの決断軸のうち、いちばんよく使っているのは「好き嫌い」のはずです。投資の場合、どうしても損得の軸を優先しがちですが、そこに落とし穴があることは私が身をもって知っています。

ものごとがなかなか決められない人は、4つの決断軸の前で行ったり来たりしている人です。自分は決断力に乏しいと思うなら、「好き嫌い」で選ぶこと。結果は、そう悪いことにはならないはずです。

お答えしましょう！

ものごとを決めるときに、「損得」や「善悪」「美醜」よりも「好き嫌い」を重視してみましょう。

■4つの決断軸

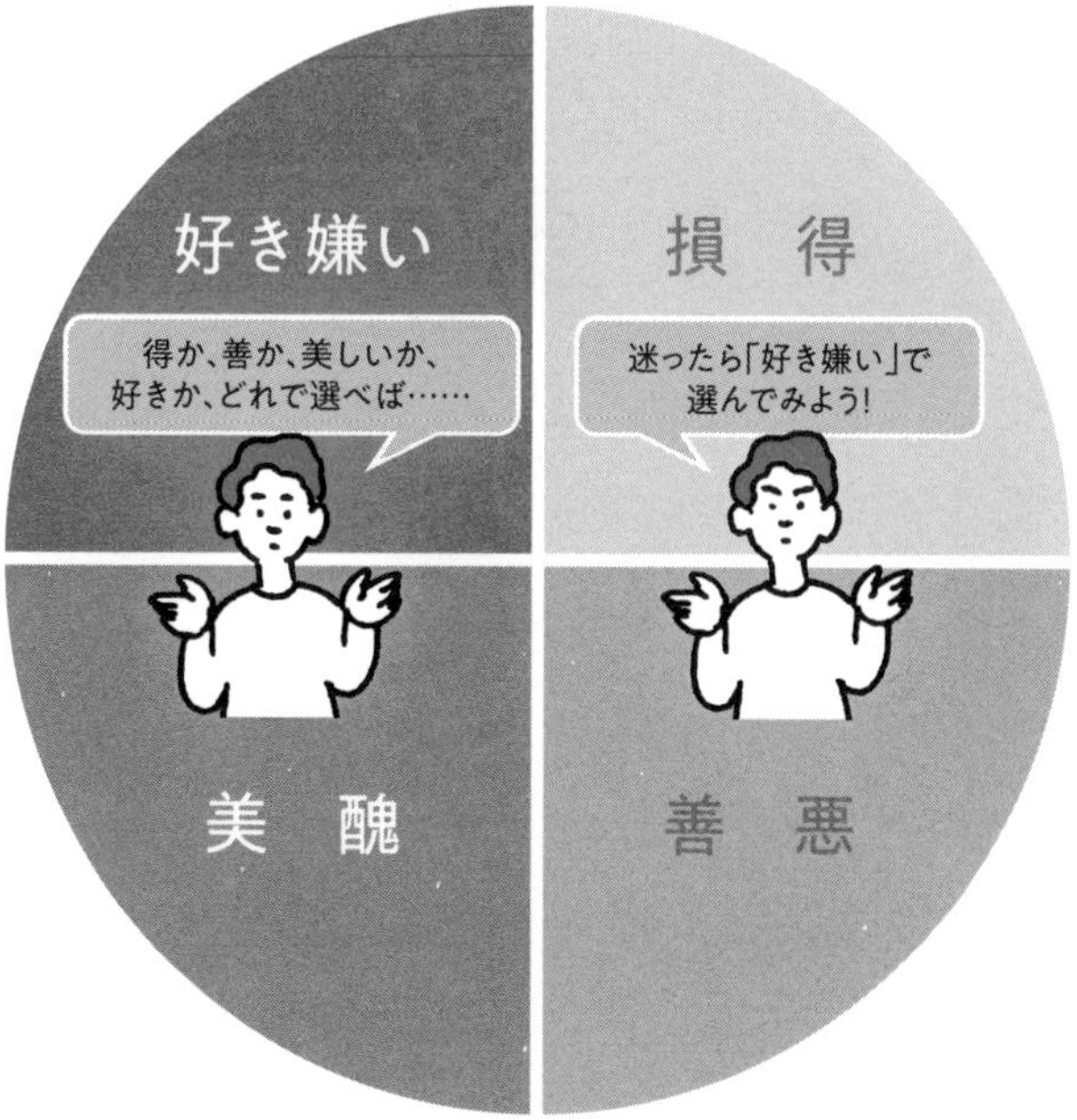
好き嫌い
損得
得か、善か、美しいか、
好きか、どれで選べば……
迷ったら「好き嫌い」で
選んでみよう!
美醜
善悪

人が決断するときに無意識のうちに使っている４つの指標が、「損得」「善悪」「美醜」「好き嫌い」である。

KEYWORD

決断力 …… 何らかの問題や課題に対して、複数ある選択肢のうち、自分自身の判断と責任でひとつを選び、決定する能力。

なぜ投資において「運」が大切なのですか？

お答えしましょう！

自分の「運」を信じられるという、ポジティブな思考がチャンスを手繰り寄せるからです。

■ 松下幸之助も「運」を重視していた

松下幸之助は社員を採用するとき、面接者に「自分を運がいいと思うか、悪いと思うか」と尋ねていたという逸話がある。

松下幸之助も信じていた「運」の力

世の中には「運」のいい人もいれば、悪い人もいます。運のいい人は、何事もとんとん拍子にコトが進み、運の悪い人はいつも障害に阻まれて進めない。

当人の意思とは関係なく、その人を左右するのが運ですから、これればかりは生まれもったものだと思うかもしれません。しかし、本当にそうでしょうか。

松下幸之助は社員を採用するとき、面接で「あなたは自分を運がいいと思いますか、悪いと

POINT

「運」がいい人は視野が広く、チャンスを見つけやすい。

■「運」との付き合い方

自分の運を信じる＝謙虚さをもつ＝割り切りをもつ

自分の運を信じられるポジティブな思考こそが、視野の広さを確保し、チャンスを見つけやすくするということは、心理学の実験でも実証されています。

思いますか」と聞いていたそうです。自分は運がいいと思っている人のほうが運を招き、結果的にいい仕事をすることを経験的に知っていたのでしょう。

たしかに「大丈夫だ、きっとうまくいく」と、つねにポジティブに考える人のほうが、チャンスをつかみやすいと思います。実際、**運がいいと思っている人は視野が広く、チャンスを見つけやすい**ことを実証した心理学実験もあります。

運についてもうひとつ加えるなら、成功した経営者は「自分は運がよかった」と口にする人が多い傾向があります。自分の力で成功したといわんばかりの傲慢タイプの人は、成功しても長続きしていません。

つまり、運を信じることで人は謙虚さをもつことができるのです。同時に、失敗したときも「今回は運がなかったな」と割り切ることができます。**うまくいっても驕らず、うまくいかなくても腐らない。そうさせてくれるのが「運」なのです。**

KEYWORD

運……イギリスの心理学者の研究によると、運のいい人は前向きかつ外交的な性質をもっているという。

投資の本質

8

投資によって未来から得られるお返しとは何ですか？

POINT

投資から得られるリターンは、お金だけではない。

「目に見える資産」と「目に見えない資産」

投資によるお返し、すなわちリターンといえば、誰しもお金を思い浮かべると思います。それがあるから、私たちはエネルギーを投入するのですが、返ってくるのはお金ばかりではありません。

企業に投資することによって、企業は新しい商品やサービスを生み出しています。これらもまたリターンです。

お金以外のリターンは、ほかにもあります。いまあげたのは「目に見える資産」であり、もうひとつ「目に見えない資産」があるのです。

それは、あなた自身が身につける**スキルや健康、人的ネットワークといった、かたちのない資産**のことです。

これらもまた、たとえば学習や経験の積み重ね、スポーツジムに通ったり、異業種の人たちとの食事会に参加したりするといった「投資」によって得られる資産です。

これらの資産に価値があるほど、あなたの市場価値は高まっていきます。モノやサービスに市場価値があるように、ビジネスパーソンにも人材としての市場価値があります。「見えない資産」とは言い換えれば、あなたの名刺から会社名を取り払っても人を振り向かせることができるもの、ということです。

価値の高い「目に見えない資産」は、将来にわたって、あなたに大きなリターンを約束してくれるでしょう。

お答えしましょう!

「目に見える資産」と「目に見えない資産」があり、とくに後者はビジネスパーソンの市場価値に直結します。

■投資から得られるリターンとは?

目に見える資産

お金、モノ、サービスなど

目に見えない資産

スキル、健康、人脈など

KEYWORD

目に見えない資産……無形資産ともいわれる。特許や商標、資格、ノウハウなどの目に見えない知的な財産から、人脈・人的ネットワークなどまでが含まれる。

投資の本質

9

投資がもたらす、もっとスケールの大きいお返しとは何ですか?

POINT

投資によるリターンは個人にとどまらない。

投資は世の中をよくする力をもつ

「目に見える資産」も「目に見えない資産」も個人が所有するものですが、投資によるリターンには、もっとスケールの大きなものがあります。

それは**世の中に明るい未来をもたらすというリターン**です。

ただしそれは、多くの人が、目先の利益ばかりを追う会社ではなく、利他的な志向をもつ会社に投資していくことによって得られるリターンです。

利他的な会社とは、顧客や従業員の幸せを考え、さらに社会のためになることを喜びとする会社のことです。

こういう会社が積極的に投資されることで大きく成長していく。それがどんどん増えていけば社会が元気になり、明るい未来がもたらされる循環が生まれる——。これが、私の考える投資による最大のリターンです。

こんな理想論めいたことをあえて述べるのは、残念ながら多くの日本人はこの利他性が乏しいからです。

欧米に比べて日本は寄付が少ないことは前述しました。寄付も投資もせず、自分のお金を抱え込むことに汲々としているのが日本人です。お金についての日本人の最大の関心は「1円でも減らしたくない」なのです。

社会も経済も互恵関係で成り立っているのに、寄付も投資もしないのは、社会貢献の意識が希薄だからといわざるをえません。

投資は自分のお金を増やすとともに、世の中をよくするものであることを、重ねて強調したいと思います。

お答えしましょう！

それは明るい未来です。利他的な志向をもつ会社が投資によって成長することで、ひいては社会が元気になります。

■投資は世の中もよくする

投資は、世の中に明るい未来をもたらすことができる。

KEYWORD

利他性……日常のさまざまな場面での意思決定において、自分だけが得するのを避けて他者の利得を尊重する傾向のこと。具体的な行動としては、寄付やボランティア、電車内での座席を譲る行為などがあげられる。

投資の本質

10

投資で「世の中をよくする」ことができるって本当ですか？

POINT

世の中のために真面目に努力を続ける会社こそが伸びる。

社会貢献と投資の関係

投資で社会貢献をするのは、別にむずかしいことではありません。

短期的な株価の動きに惑わされず、長期的に利益を上げ続ける会社に投資すること。そうすることが、おのずと社会貢献につながります。

なぜ社会貢献になるのか。顧客や従業員よりも目先の利益ばかりを最優先させるような会社は、一時的に株価が上がっても長続きしません。こういう会社は、長期にわたって成長を続けることはないのです。

長期的に成長を続ける会社には共通点があり、それはまっとうな方法で、魅力的な商品やサービスを適切な価格で提供していることです。簡単にいえば、当たり前のことを真面目に努力している会社です。こういう会社は必ず世間の信用を得て、長期的に利益を上げていきます。

乱暴な手法で目先の利益を追い求める会社は自然に淘汰され、世の中のために真面目に努力を続ける会社が伸びていく――。これは市場経済の原理といっていいでしょう。

ですから、**投資で社会貢献をしたければ、長期的に利益を上げ続けている会社に積極的に投資すること**です。

そういう会社は世の中のために真面目に努力している会社ですから、投資という応援を通じて、私たちは社会貢献できるわけです。

「世の中をよくすること」を考えてこそ、投資の成功につながるのです。

お答えしましょう!

長期的に利益を上げている会社に投資すれば、自然と社会貢献をしていることになるのです。

■投資で社会貢献をするとは?

世の中のために真面目に努力している会社に投資することこそが、社会貢献につながる。

KEYWORD

社会貢献…… 個人や企業、団体がよりよい社会をつくるために行動すること、また社会の利益になる行動のこと。エシカル消費(倫理的な消費行動)も、SDGsとのかかわりにおいて、社会貢献として近年注目されている。

COLUMN 5

地方にこそチャンスがある！

「地方創生」「地域創生」という言葉には、「東京に比べて活力を失っている地域をなんとかするもの」「慈善事業のようなもの」というイメージをもつ人が残念ながら少なくありません。

しかし、これは多くの場合、思い込みにすぎません。実際、**東京よりも大きく稼げる可能性があるのが「地方創生」「地域創生」**であり、それは「地方で稼ぎ、大きな事業を築くチャンス」なのです。

みなさんもよくご存じの企業には、一地域企業から全国展開に成功した例が少なくありません。

ユニクロのファーストリテイリング（山口県山口市）しかり、ニトリ（北海道札幌市）しかり。しまむら（埼玉県さいたま市）やコメリ（新潟県新潟市）もそうですし、100円ショップ大手のダイソーは広島県東広島市、セリアは岐阜県大垣市の会社です。

これらの企業は、たまたま成功したわけではありません。**地方で成功したビジネスモデルは、そのまま日本で成功するビジネスモデルになりえる**のです。

私たちは東京こそビジネスの中心地だと考えがちですが、じつは日本人のほとんどは地方に住んでいます。日本の人口は約1億2490万人ですが、このうち東京都は約1400万人で、1割強にすぎません。

つまり、東京という特殊な市場で通用したビジネスモデルが地方で通用するとは限りませんが、**ある地方で通用したビジネスモデルは、ほかの地方で通用する可能性が高い**わけです。

第5章

お金を育てる「投資」を始めてみよう

日本人はリスクを恐れる傾向が顕著で、投資をしたがらないといわれてきました。しかし近年、iDeCoやNISAが登場したこともあり、日本においても投資は身近なものになってきたといえます。だからこそ、「小さく・ゆっくり・長く」を基本原則に、投資を始めてみましょう。

投資のイロハ 1

日本人はなぜ投資をしたがらないのですか?

POINT

リターンを得るには、リスクも受け入れる必要がある。

お答えしましょう!

リスクを恐れる傾向が顕著で、それを過剰にとらえてしまうことが原因だと思われます。

■ 損失回避の心理

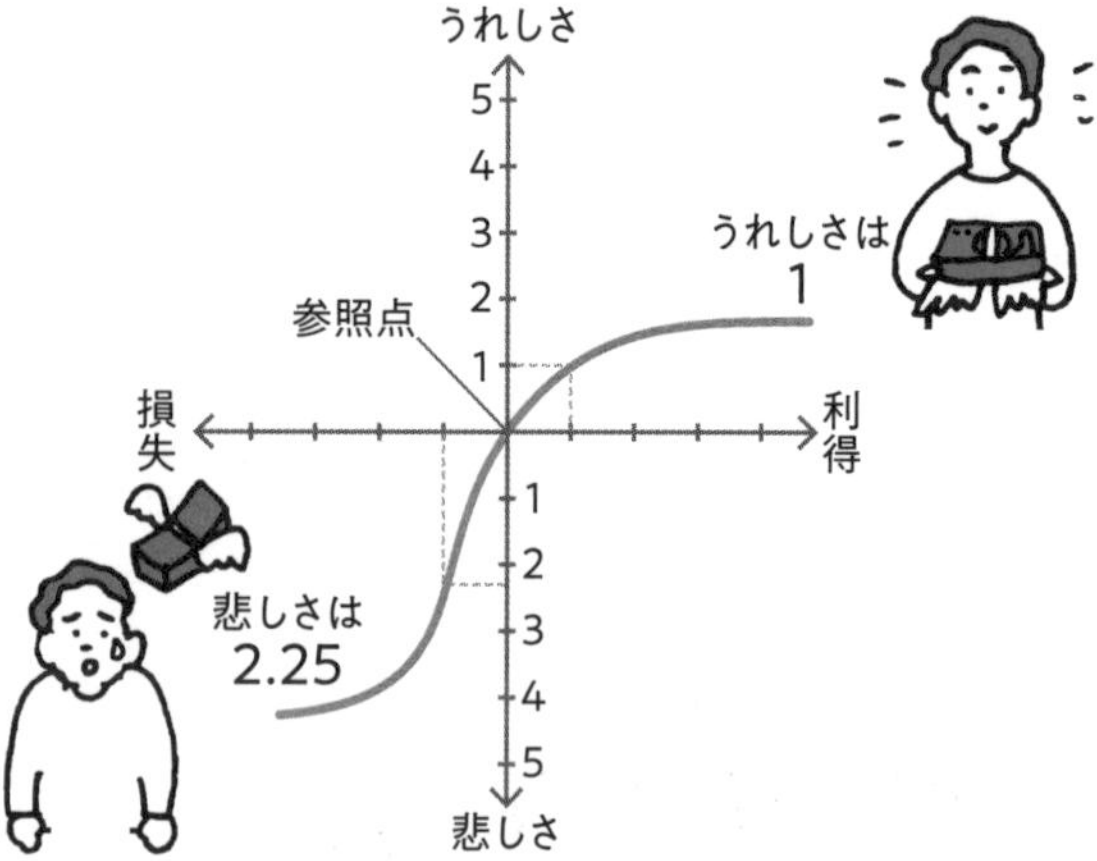

行動経済学では、損失の悲しみは利得の喜びの2.25倍であることが明らかになっている。

リスクの大きさを冷静に理解できているか?

株価は上がるときはじわじわ上がっていきますが、下がるときは一気に下がります。その逆は基本的にありません。

なぜそうなるかというと、人は得る喜びよりも、失う悲しみのほうがより大きいからです。つまり、10万円の臨時収入があったときの喜びよりも、10万円入りの財布を落としたときのショックのほうがより大きいわけです。

そのため、私たちは**損をする**

■リスクとリターンの関係

リスクとリターンは基本的に、1対1のイーブンな関係。リスクを恐れすぎてはいけない。

ことを避けようとする心理（損失回避）が働き、株価が少し下がると「さあ大変だ」と思います。

そして、損が大きくならないうちに売ってしまおうと、みんないっせいに売りに走る――。それで株価は急降下するわけです。

とくに**日本人はリスクを恐れる傾向が顕著**です。リスクとリターンは、基本的に「1対1」のイーブンですが、リスクのほうがより大きい「2対1」くらいに思ってしまう人が多いようです。

リスクがゼロでリターンだけ望むことはできません。リターンを得るには、リスクも受け入れなくてはなりません。ただし、そのリスクの大きさは「リターン1」と同等であり、2でも3でもないことを冷静に理解する必要があります。

KEYWORD

損失回避……利益から得られる満足より同額の損失から得られる苦痛のほうが大きいため、損失を避けるような意思決定をおこないがちな人間心理のこと。

投資のイロハ 2

なぜ日本では「貯金は善」「投資は悪」だと思われているのでしょうか？

POINT
株式は、会社の資産に紐づいたリアルなもの。

タンス預金は社会の活力を奪う

日本では「貯金は善」「投資は悪」であるかのように思われていますが、これは本当でしょうか。もちろんお金を蓄えるのは悪いことではありません。ただし、預貯金のなかでも「タンス預金」に関しては、善ではなく、むしろ悪であるといっていいでしょう。

金融機関に預けたお金なら、受け取る金利はわずかであっても、運用されて社会に回っていきます。しかし、家庭にしまいこまれているタンス預金は何の役にも立っていません。これでは「死んだお金」です。死んだお金が増えていけば、社会の活力は失われていきます。

現金を自分で抱え込むのは、お金が確実で間違いのない、リアル（実体のある）なものだと考えられているからでしょう。それに対して株式は、移ろいやすいバーチャル（実体のない仮想的）なものだと思われているのかもしれません。

しかし、これは逆です。**株式は、会社がもつ有形・無形の資産と結びついています。**つまり、会社というたしかに実体のあるものと紐づいているわけです。

一方、**お金の実体はというと、紙幣は紙切れでしかありません。**それを1万円の価値があるものにしましょうという約束のもとに成立しており、もとをただせば原価20円ほどの紙です。

ですから、**じつはお金こそがバーチャルなものであり、株式のほうがずっとリアルなものなのです。**

お答えしましょう!

お金はリアルなもの、投資はバーチャルなものと考えているからでしょう。しかし、じつは逆なのです。

■株式とお金

リアル	バーチャル
株式	お金

会社がもつ有形・無形の資産と結びついている	紙幣は紙切れでしかない

お金をリアル、株式をバーチャルと考えがちだが、じつは逆である。

KEYWORD

金利……投資金額に対して支払われる利息の割合のこと。

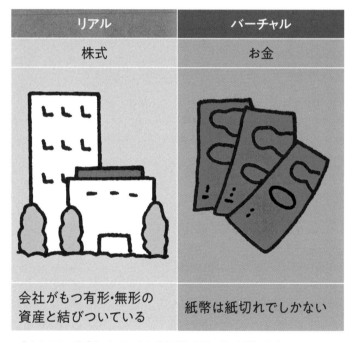

投資のイロハ
3
そもそも株価って、どうやって決まるのですか？

お答えしましょう！

株価は需要と供給によって決まります。その際、その会社の人気と利益も重要な要因になっています。

■ 株価の決まり方

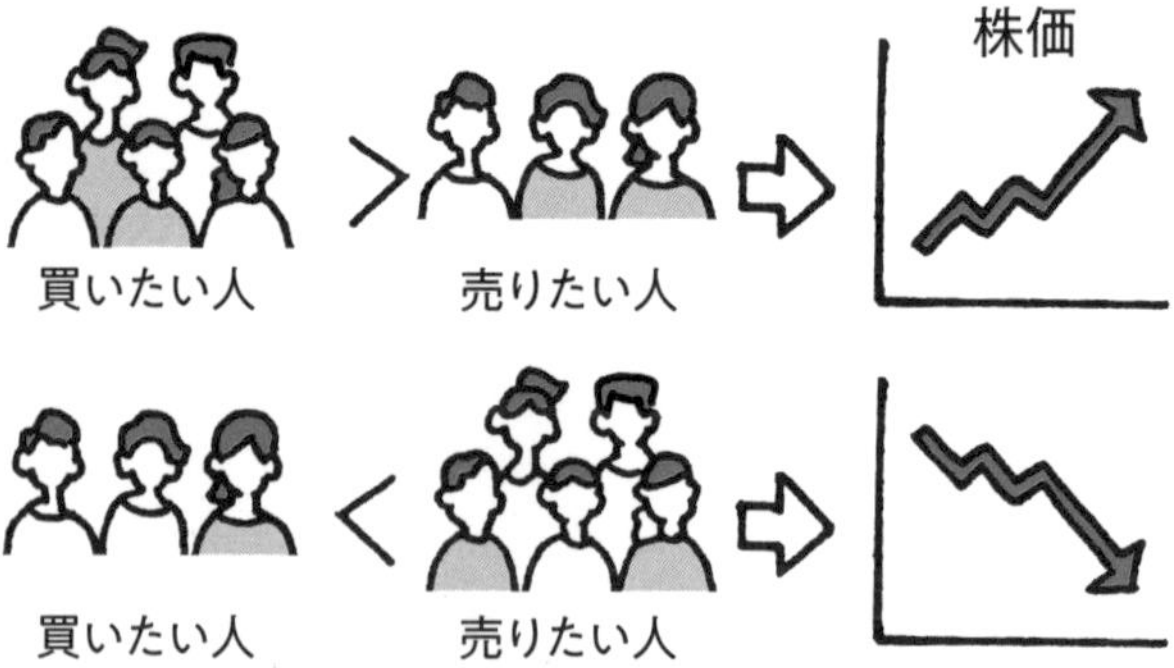

株価は基本的に需要（買いたい人）と供給（売りたい人）のバランスによって決まる。

会社の利益と株価の動きは連動する

株価は日々変動していますが、買い手が多ければ株価は上がり、売り手が多ければ下がります。この**買い手と売り手、すなわち需要と供給が一致したところで株価が決まる**わけです。

需要と供給によって価格が決まるのは一般の商品と同じですが、株式の場合、その**会社の人気と利益も株価変動の重要な要因**になります。

株式投資でよく使われる用語にEPSとPERがあります。

POINT

株価においても「神の見えざる手」が機能している。

■株価とEPSとPER

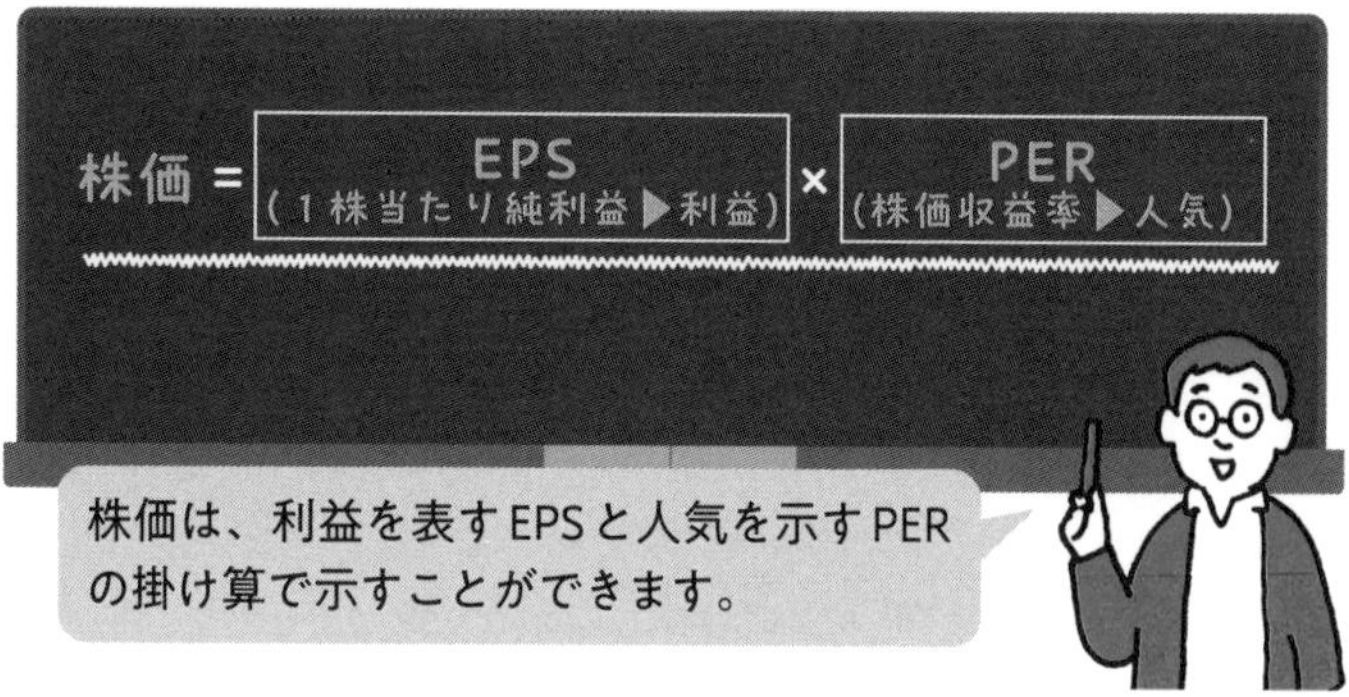
株価＝
EPS
（1株当たり純利益▶利益）
×
PER
（株価収益率▶人気）
株価は、利益を表すEPSと人気を示すPERの掛け算で示すことができます。

EPSは「1株当たり純利益」、PERは「株価収益率」を表しています。株価収益率とは、現在の株価が1株当たり純利益の何倍かを表した数字です。

一般に利益の高い会社ほど、将来の期待が株価に織り込まれるため、PERが高くなります。簡単にいえば、PERは投資家の人気を測る指標です。

この「EPS＝利益」と「PER＝人気」は、どちらも株価を左右しますが、長期スパンで見ると、株価はEPSに連動していきます。

『国富論』を著したアダム・スミスは、長期的に見ると、モノの価格はその価値におのずと収《しゅう》斂《れん》していくとし、市場経済におけるこの自動調節機能を「神の見えざる手」と呼んでいます。

このメカニズムは、株価においても同様に機能しているのです。

KEYWORD

アダム・スミス……18世紀に活躍したイギリスの哲学者・経済学者。『国富論』などの著作を残し、「経済学の父」と呼ばれる。

投資のイロハ 4

投資信託は怖くないって本当ですか？

POINT

「卵をひとつのかごに盛るな」を実現する金融商品。

貯めてからではなく貯めながら投資をする

投資の世界では「卵をひとつのかごに盛るな」という格言があります。

たくさんの卵をひとつのかごに盛って、もしかごを落としたら、卵はぜんぶ割れてしまいます。だから、いくつかのかごに分けるべしと、分散投資の大切さを説いたものです。

この**分散投資のメリットを手軽に得られるのが、投資信託**です。

投資信託は、個人から集めたお金をプロのファンドマネージャーが代わりに株式や債券などに投資し、それぞれの個人にその運用益が還元されるというものです。運用するのはプロなので、特別な勉強や情報収集は必要ありません。

個人が株式投資でいくつかの銘柄に分散投資しようとすると、資金的に大変です。日本の株の売買単位は100株ですので、株価1000円の株だと最低でも10万円が必要。分散投資をしようとすると、さらに資金を要します。

でも、投資信託であれば、会社員の小遣い程度か、それ以下のお金で分散投資をすることが可能です。

よく「まとまったお金ができたら投資に回したい」という人がいますが、これは賛成できません。まとまったお金ができるのを待っていたらいつになるかわからないからです。

投資は貯めてからするものではなく、「貯めながらする」ことを私は提唱しています。投資信託の普及は、それを可能にしてくれたといえます。

お答えしましょう!

怖いものではありません。投資信託はプロが運用し、小遣い程度のお金で分散投資が可能なので、リスクを抑えられます。

■投資信託とは?

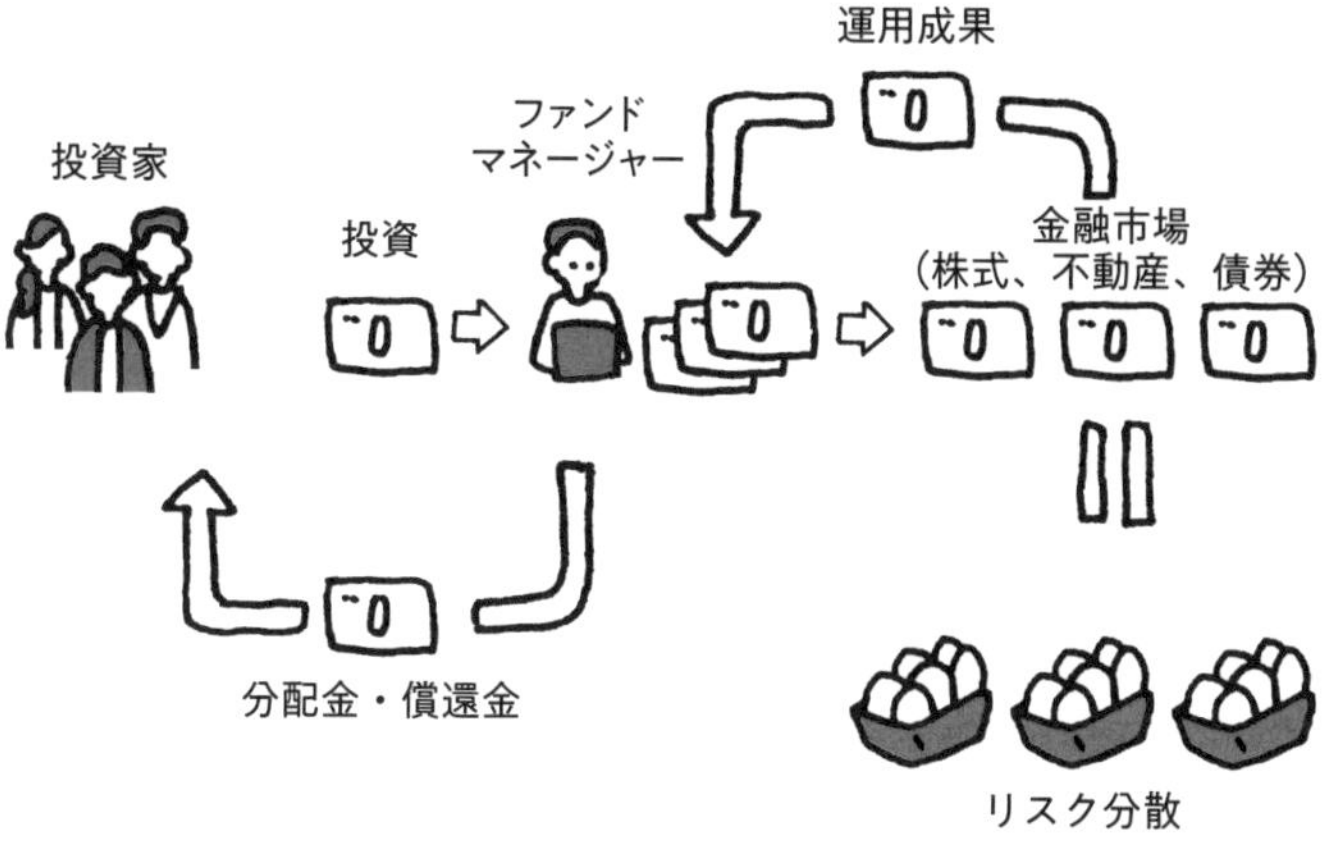

投資家から集めたお金をひとつの資金としてまとめ、運用のプロであるファンドマネージャーが株式や債券などに投資・運用し、その運用の成果である利益を投資家に還元する金融商品。

KEYWORD

債券 …… 国や地方公共団体、企業などが資金調達のために発行する証券のこと。国が発行する債券は国債、地方公共団体が発行する債券は地方債、企業が発行する債券を社債という。

投資のイロハ 5

投資を始めるにあたって大切なポイントを教えてください！

POINT
結果を急がず、ゆっくり構えることこそが大切。

日本人は長期に構えて結果を待つのが苦手!?

私はこれから投資を始めようという人に、よく「桐の木」の話をします。

昔の日本では、女の子が生まれると、庭に桐の木を植えました。桐は少しずつ大きくなり、やがて女の子が成長して結婚するときに、桐の木を切ってタンスをつくり、嫁入り道具に持たせたという話です。

桐の木は一足飛びに大きくなりません。10年とか20年の時間をかけて大切に育てる。そうすることで、やがて桐のタンスという資産を手にすることができるわけです。

これは、投資を始めるにあたっての心構えにそっくり当てはまります。

「小さく・ゆっくり・長く」

これが私の考える初心者の3原則です。「小さく」とは、**欲張らずに少額から始めましょう**という意味です。投資信託の場合、以前は最低投資額が1万円でしたが、いまはネット証券の場合、100円からでもできるところがあります。

そして大切なのが「ゆっくり・長く」です。じつは日本人は長期に構えて結果を待つのが苦手で、投資信託の平均保有年数は2・8年。これはほかの先進国と比べてかなり短い数字です。日本人は投資をしたがらないのに、宝くじは人気があることからしても、短期で結果が出るものが好きなのでしょう。

しかし、宝くじと投資は違います。**結果を急がず、ゆっくり構えてコツコツ増やす**。これが私のすすめる投資スタイルの基本です。

お答えしましょう！

結果を急がず、「小さく・ゆっくり・長く」が、投資スタイルの基本となる3原則です。

■投資の心構えは？

昔の日本では、女の子が生まれると、小さな桐の木を庭に植え、その子が結婚するときに、桐の木を切ってタンスをつくり、嫁入り道具にしたという。この桐の木を育てるように、「小さく・ゆっくり・長く」が投資の基本原則。

KEYWORD

ネット証券……インターネットを通じて株式の売買注文などの証券取引サービスをおこなう証券会社のこと。総合証券に比べ、手数料が安く、利便性が高いことがメリットとされる。

投資のイロハ
6

積み立て投資のメリットはどんなこと？

POINT

投資をすることで、明るい未来をつくっている。

投資信託の魅力は壮大なドラマづくりにあり

私が「貯めながら投資をしよう」と提案するのは、投資信託に**毎月定額の自動積み立てができる**仕組みがあるからです。

これを利用すれば、預貯金の積み立てと同じような感覚で増やすことができます。もちろん**現金が必要になったら、原則としていつでも解約できる**ので、その点でも預貯金の積み立てと似ています。

そのほかにも積み立て投資のメリットとして、**値動きに振り回されることなく、毎月決まった金額を淡々と投資できる**というよさがあります。一喜一憂しないことは、長期的な投資をするうえでは重要です。

みなさんから預かったお金を運用する側からいわせてもらうなら、投資信託とはなかなか「壮大なドラマ」です。

みなさんがそれぞれ苦労して稼いだお金の一部を投資信託という箱に集め、よりよい会社に投資していく。そうすることで多くの人たちと、よりよい社会とのつながりをつくりだしながら、その利益をみなさんに還元していく。投資信託の魅力は、このような壮大なドラマづくりにあると私は思っています。

そこで、みなさんにお願いしたいのは「未来はきっと明るい」と信じていただきたいということです。現状、私たちの社会はさまざまな問題を抱えていますが、それでも長い目で見れば明るい未来がある――。

そう思うことができるかどうか。**未来を肯定的にとらえられることが、積み立て投資をする第一の条件だと私は思います。**

お答えしましょう!

値動きに一喜一憂せず、預貯金の積み立てと同じ感覚で、毎月決まった金額を淡々と投資できることです。

■積み立て投資のメリット

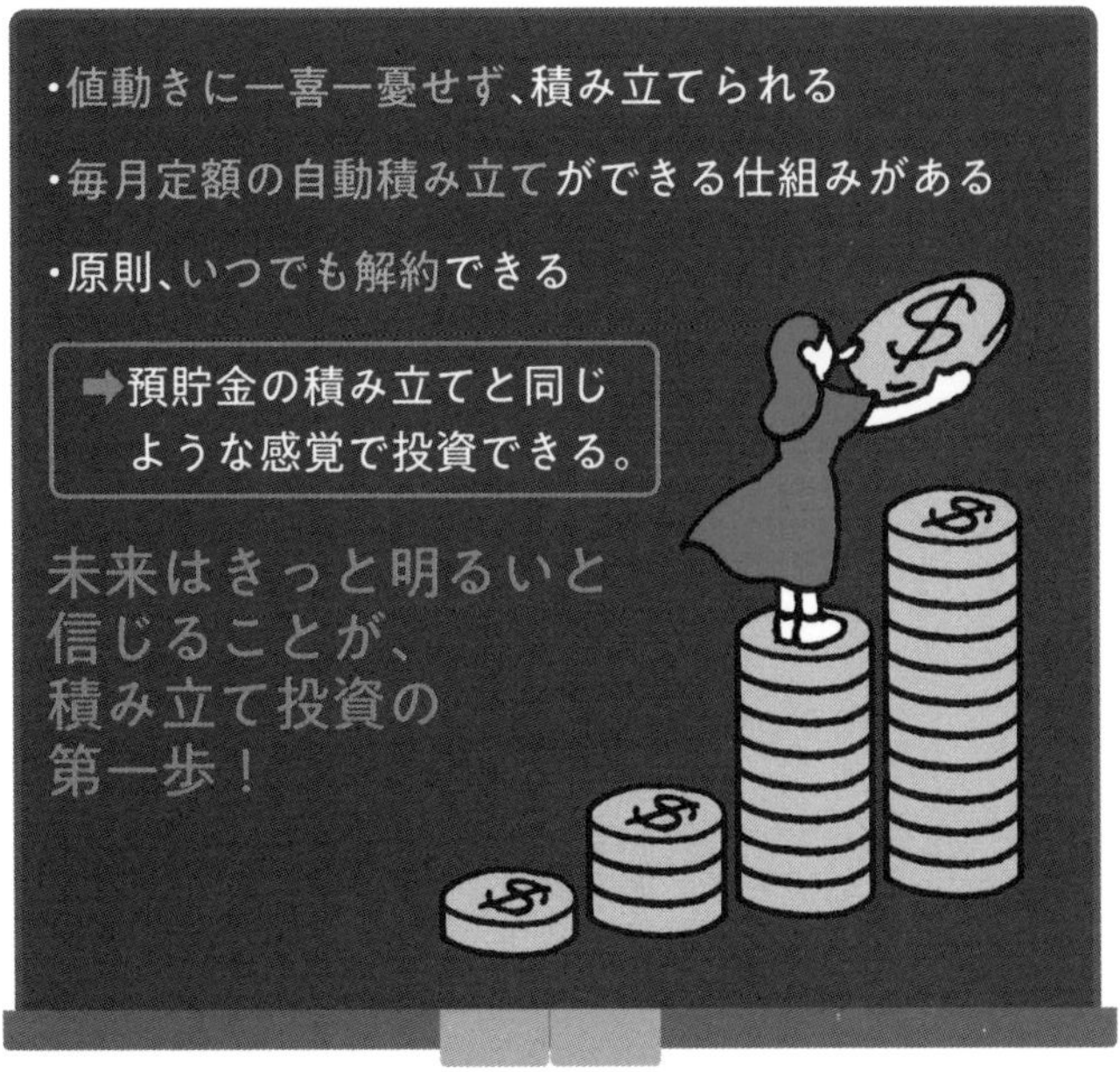
・値動きに一喜一憂せず、積み立てられる
・毎月定額の自動積み立てができる仕組みがある
・原則、いつでも解約できる
➡預貯金の積み立てと同じような感覚で投資できる。
未来はきっと明るいと信じることが、積み立て投資の第一歩！

KEYWORD

積み立て投資…… 金融商品を一定の金額で定期的にコツコツと購入する投資手段のこと。

投資のイロハ 7

「iDeCo」は老後の資金づくりに向いている？

POINT

「iDeCo」の大きな特徴は、3つの税制メリットにある。

税金を減らしながら投資ができる

日本人の寿命が伸び、老後の長期化を背景に誕生した**「iDeCo（イデコ＝個人型確定拠出年金）」は、自分が拠出した掛け金を自分で運用して資産形成をめざす年金制度**です。

基本的に60歳未満のすべての現役世代が加入可能で、65歳になるまで加入できる人もいます。掛け金（月5000円以上）を決め、自分で運用商品を選んで運用しますが、運用商品には定期預金、保険商品、投資信託が用意されています。

この年金制度の大きな特徴は、3つの税制メリットが設けられていることです。それは、**①掛け金が全額所得控除、②運用益が非課税、③給付金受け取り時も税制優遇**、というものです。

掛け金の全額所得控除については、課税所得と掛け金に応じて所得税と住民税が軽減されます。また通常、金融商品の運用益には20・315％が課税されますが、iDeCoの運用益は課税されません。給付金の受け取り（60歳以降）は、年金でも一時金でもできますが、どちらも控除による税制優遇の対象となります。

このように税制メリットが多く盛り込まれていることから、**老後のための資産形成に有利な制度**といえます。

iDeCoの申し込みは、銀行、信用金庫、信託銀行、労働金庫、保険会社、証券会社などの金融機関の窓口でできます。なお、手数料として、加入手数料と口座管理手数料がかかります。

お答えしましょう!

掛け金が全額所得控除されるなど、3つの税制優遇措置があるので、老後のための資金形成に有利な制度といえます。

■iDeCoの概要とメリット

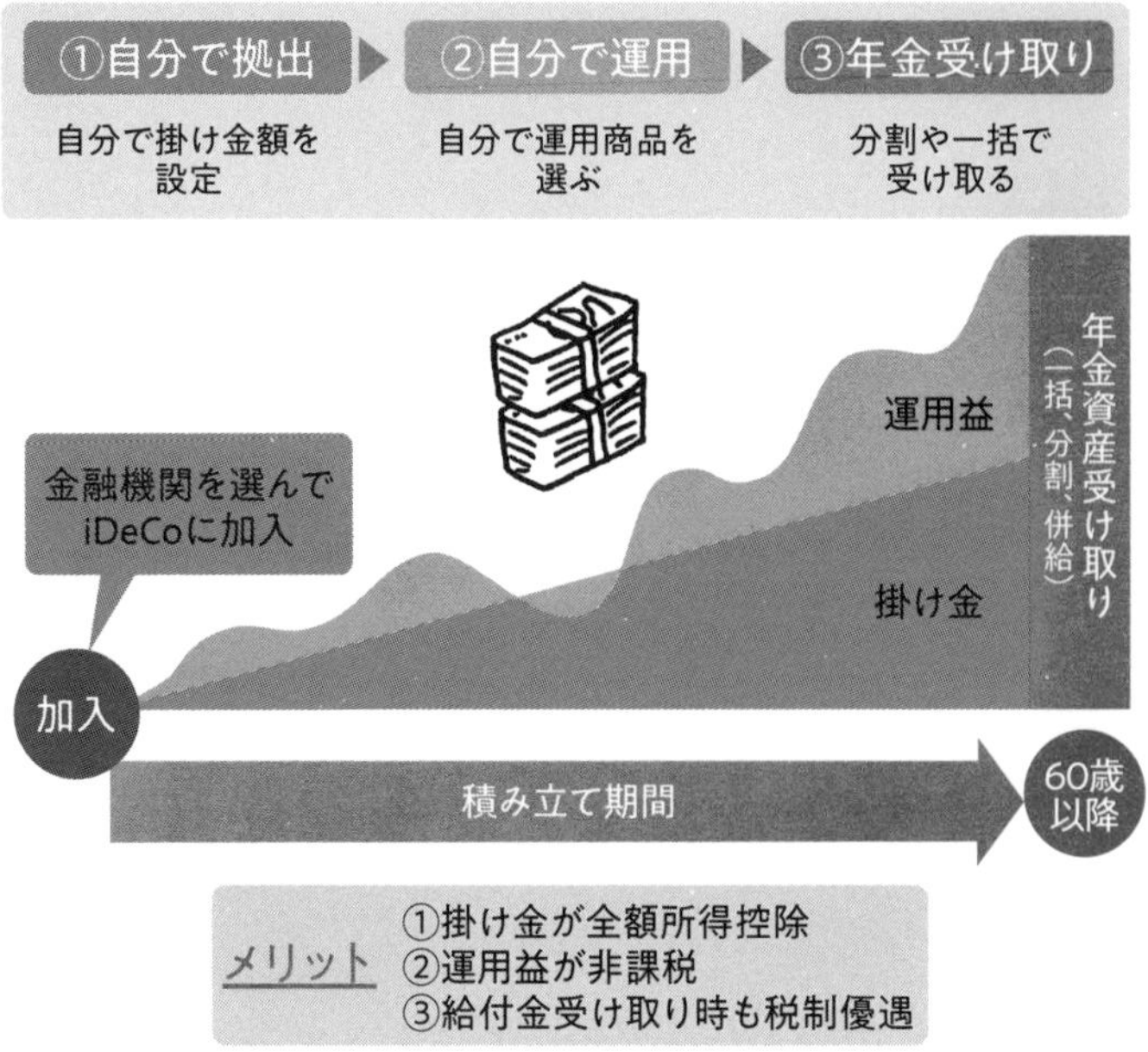

iDeCo（個人型確定拠出年金）とは、自分が拠出した掛け金を自分で運用して資産形成をめざす年金制度のことである。

KEYWORD

年金……毎年、定期的・継続的に給付される金銭のことで、国が管理・運営する公的年金として国民年金と厚生年金が、企業や個人が任意で加入できる私的年金として企業年金やiDeCoなどがある。

投資のイロハ 8

「NISA」はなぜ生まれたのですか？

POINT

資産形成は、国民一人ひとりにとって不可避のテーマ。

投資して得た利益にかかる税金が非課税になる制度

NISA《ニーサ》（少額投資非課税制度）がスタートしたのは2014年のことでした。もともとは**イギリスのISA（Individual Savings Account、個人貯蓄口座）をモデルに「日本版ISA」として設計されたもの**で、「日本（Nippon）」の頭文字をとって「NISA」という愛称になっています。

NISAはその名前が示すとおり、**「一定の金額までなら、金融商品に投資して得た利益にかかる税金を非課税にしますよ」**という制度で、**「貯蓄から投資へ」の流れを国が後押しする**ものといえます。

一般に、株式や投資信託などの金融商品に投資をして利益が出た場合、受け取るタイミングでおよそ20%の税金がかかります。たとえば投資信託が値上がりして100万円の利益が出たとすると、売却したときに約20万円は税金となるのです。

NISAを活用すればこの税金がかからず、売却益100万円がまるまる手元に入ってくるわけですから、NISAのメリットは非常に大きいことがわかるでしょう。

そして2018年には、「個人の資産形成を支援するための税制上の優遇措置」という位置づけのもとで「長期・積立・分散投資に適した投資信託」のみを対象とする「つみたてNISA」がスタート。当初からあった「一般NISA」と「つみたてNISA」はしばらく併存していましたが、**2024年からの「新NISA」ではこれらがひとつの制度に整理され、大きくパワーアップしています。**

お答えしましょう！

国が「貯蓄から投資へ」の流れを後押しし、長期資産形成を促すために生まれました。

■NISAの成果

コツコツ投資でお金を貯めよう！
子どもの教育資金を確保したい
住宅資金をいまから貯めておこうかな
介護資金を貯めておかなきゃ

若い人を含め、投資への関心を呼び起こした。

KEYWORD

ISA……イギリス居住者を対象にしたイギリスの個人貯蓄口座のこと。個人の資産形成促進制度として、1999年にスタートした。

投資のイロハ
9
「新NISA」の登場で何が変わるのでしょうか？

POINT
年間最大360万円投資でき、枠は1800万円に拡大。

大幅に見直され、利便性がアップ

２０２４年１月スタートの新ＮＩＳＡは、これまでの制度より大幅に使い勝手が改善され、多くの人にとって「利用しない手はない」といえるほどパワーアップします。

まず、従来は「一般ＮＩＳＡ」と「つみたてＮＩＳＡ」のどちらかしか利用できませんでしたが、**新NISAではこれらが「成長投資枠」と「つみたて投資枠」に整理され、併用が可能になりました。**

また、**年間投資限度額がこれまでと比べて大幅に拡大されています。**成長投資枠が年間２４０万円、つみたて投資枠が年間１２０万円で、併用すると年間最大３６０万円まで投資できることになります。生涯に利用できる限度額（非課税保有限度額）は２つの投資枠を合わせて１８００万円まで（うち成長投資枠１２００万円まで）です。

なお、２０２３年までのＮＩＳＡでは売却しても投資枠は復活しませんでしたが、新ＮＩＳＡは売却した分の枠が翌年以降再利用できるようになります。これにより、まとまったお金が必要になったときにいったん売却し、復活した投資枠でまたコツコツ投資をしていくといった使い方も可能になりました。

さらに、**従来のNISAでは非課税保有期間が定められていましたが、新NISAは無期限となり、何十年にもわたって長期の資産形成に取り組めるようになりました。**

お答えしましょう！

年間投資限度額が大幅に拡大され、非課税期間も無期限に。長期資産形成により役立つ制度に生まれ変わりました。

■新NISAの概要

	つみたて投資枠	成長投資枠
	（併用可）	
年間投資枠	120万円	240万円
非課税保有期間	無期限化	無期限化
非課税保有限度額（総枠）	1,800万円	
		1,200万円（内数）
口座開設期間	恒久化	恒久化
投資対象商品	金融庁の基準を満たした投資信託に限定	上場株式・投資信託など（一部の商品を除く）

2024年1月からスタートする新NISAは、自分のライフプランにあわせてずっと利用できる制度に進化した。

KEYWORD

成長投資枠 …… 従来の一般NISAの役割を引き継ぐもので、上場株式や上場投資信託（ETF）、上場不動産投資信託（REIT）、公募株式投資信託への投資ができる枠のことをいう（ただし、対象外となる商品もある）。

COLUMN 6

ダイバーシティは成長の必須条件

お金は多くの人が価値を認めるところに集まります。しかし、いちばんお客が多そうな「マス」(=集団、大衆)を狙って事業を始めると、うまくいかないものです。正確には、かつてはうまくいったのが、うまくいかなくなった、というべきでしょう。

なぜかというと、**マスそのものがなくなった**からです。昔は、日曜の夕方には家族みんながテレビで『サザエさん』を見ていました。それがいまは見る番組も違えば、食事時間もバラバラ。興味の対象も話題も違います。そのため企業はさまざまな好みや価値観に合わせてモノをつくり、サービスを提供しなければいけなくなりました。

ところが**日本企業は、グローバルな多様化への対応が得意ではありません。**移民が多く多様性に富んだアメリカの企業は、世界各国で受け入れられる商品づくりができますが、日本企業はそれがうまくないのです。

最近、ダイバーシティ(多様性)が注目されていますが、これは性別や人種、価値観などさまざまな異なる属性をもった人材が共存することで生産性や競争力を高めようというものです。

人権意識の高まりや社会的意義から重視されるようになったダイバーシティですが、日本企業にとってこれは利益を左右する取り組みといえます。世の中の多様化が進むなか、それにあわせて企業も多様化しないと対応できないからです。

社会的意義や企業イメージのため以上に、より儲けるために必要なもの——それがダイバーシティだと私は思います。

第 6 章

知っておきたい お金の現在と未来

1990年以降、日本は長いデフレ経済下にありましたが、ここにきてインフレ経済に進み始めました。数十年に一度訪れる転換点を迎えたいま、何が求められているのか？　NFTやDX、ChatGPTに代表される生成AIなど、新しいテクノロジーなどの可能性を探りながら、これからの時代を見つめ直します。

インフレはどんな影響を与えますか？

リスクをとれる者が勝者になる時代

日本はバブル経済が破綻した1990年以降、長いデフレ経済に苦しんできましたが、ここにきて様相が変わりました。ようやく、インフレ経済に進み始めたのです。

この変化は私たちに重要な思考転換を求めています。それは「デフレ脳」から「インフレ脳」への転換です。

デフレ時代は、お金を貯めておくのがよいことでした。物価が下がっていくデフレ下では、モノに対してお金の価値が上がっていくからです。この30年間の日本では、節約してなるべくお金を使わず、貯蓄を増やすことが、ある意味では正しかったわけです。「何もしない人」こそが勝者だったということもできます。

しかし、インフレになればお金の価値は下がっていきます。リスクをとって投資をしてお金を増やさなければ、資産価値の目減りを防ぐのはむずかしいでしょう。

インフレに強い株式や不動産などをもつ人と、そういった資産をもたない人の格差は拡大することになります。**デフレ時代の勝者が一転して敗者になりかねない**わけです。

このことに多くの人が気づくには、時間がかかるかもしれません。デフレが長く続きすぎたため、いまの50代以上の多くの人はデフレ経済を前提に考える「デフレ脳」になっています。

いまが数十年に一度訪れる転換点に位置していることに気づき、いかに「インフレ脳」に転換するかが問われているのです。

POINT
「デフレ脳」から「インフレ脳」への転換が求められている。

お答えしましょう!

いまは数十年に一度訪れる転換点。そのことに気づき、インフレ経済を前提に思考を変える必要があります。

■「デフレ脳」から「インフレ脳」へ

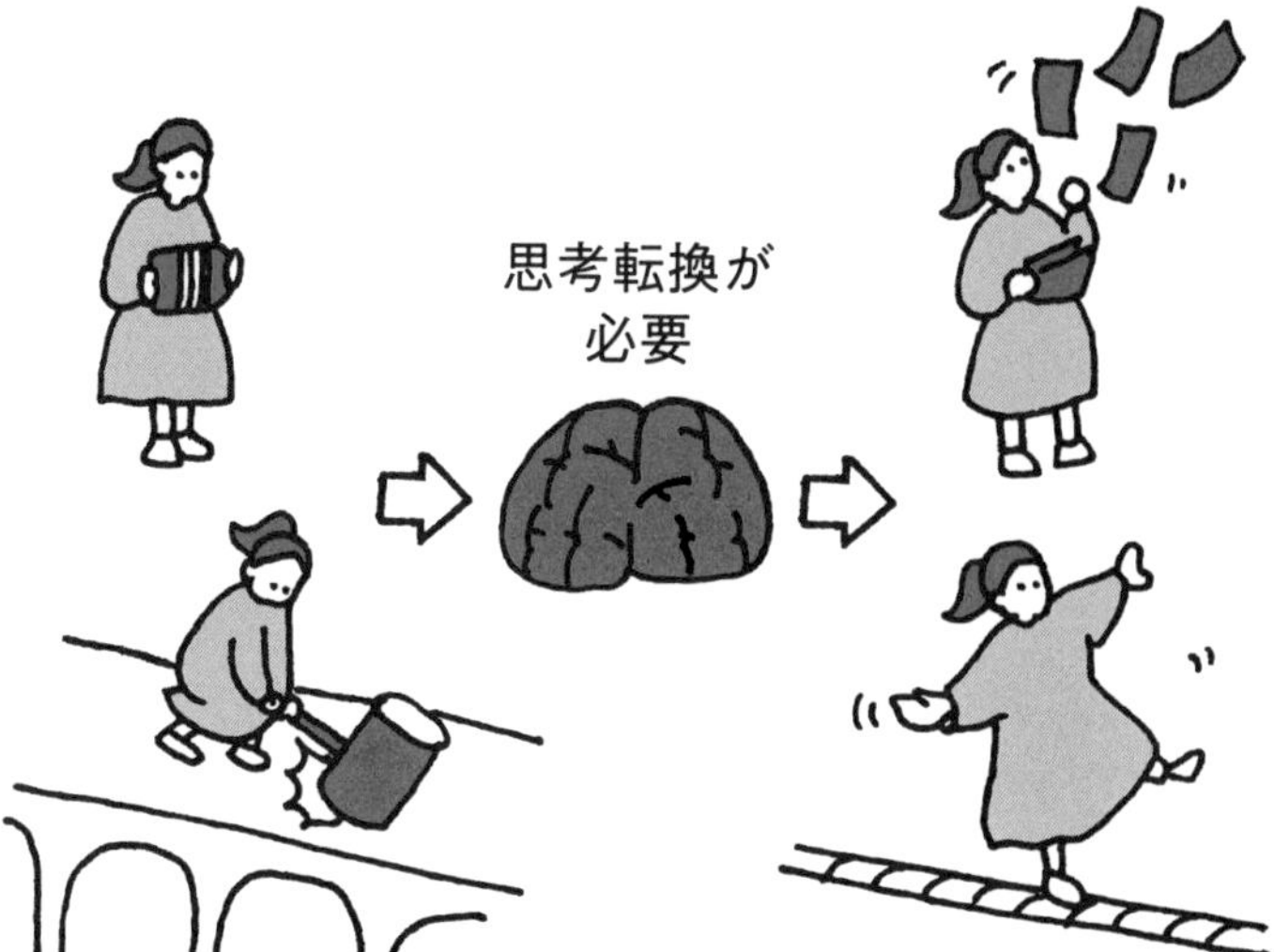

30年続いたデフレ時代からインフレ時代への転換に対応するためには、思考も転換する必要がある。

KEYWORD

インフレ……インフレはインフレーションの略で、モノの値段が長期的に上昇すること、言い換えるとお金の価値が下がることをいう。

なぜIT長者はみんな宇宙をめざすのでしょうか？

POINT

通信網を宇宙に構築できれば、ITはさらに発展する。

宇宙をめざすのは道楽やロマンではない！

IT長者と呼ばれる事業家には、宇宙ビジネスに熱心な人がたくさんいます。

たとえば、ペイパルやテスラ、スペースXの創業者として知られるイーロン・マスク氏、アマゾン創業者のジェフ・ベゾス氏、日本ではソフトバンクグループ創業者の孫正義氏、楽天グループ創業者の三木谷浩史氏、実業家のホリエモンこと堀江貴文氏もそうです。

なぜIT業界で成功した人たちは、こぞって宇宙をめざすのでしょうか？ それは道楽やロマンではなく、**宇宙ビジネスが近い将来、大きな儲けをもたらすことを確信しているから**です。

スペースXが運営するStarlink《スターリンク》などに代表される衛星通信サービスはすでに提供が始まっていますが、今後は技術の進化により、従来とは桁違いの高速大容量インターネット通信網をグローバルに提供できるようになっていくはずです。そして**宇宙通信サービスの進化は、IT業界に次なる成長の機会をもたらすに違いありません。**

インターネットはいまでは社会に欠かせないインフラになりましたが、20年前にその未来を見通していたのは、ごくひと握りの人たちだけでした。その人たちこそが、世界で名を知られるIT事業家になったわけです。

いま彼らの頭のなかには、宇宙ビジネスが世界の一大産業になっている未来がクリアに描かれていることでしょう。

お答えしましょう!

けっして道楽ではなく、宇宙ビジネスが近い将来、大きな儲けを生むと考えているからです。

■宇宙をめざすIT長者

イーロン・マスク氏も、ジェフ・ベゾス氏も、孫正義氏も、三木谷浩史氏も、堀江貴文氏も、みな宇宙ビジネスに強い関心をもっている。

KEYWORD

宇宙ビジネス …… 宇宙空間を活用して商業目的でおこなわれる事業全般のこと。具体的には、ロケットや人工衛星の製造から、衛星データを活用しての通信、そして宇宙探査などをさす。

NFTはなぜ急速に広まっているのですか？

POINT
デジタルデータに「唯一無二の価値」をもたせることが可能に。

アート作品もNFTでデジタル資産に

最近、よく耳にするようになった「NFT《エヌエフティー》」とは「Non《ノン》-Fungible《ファンジブル》 Token《トークン》」（「非代替性トークン」）の略語で、ざっくりいうと**「代替のきかない、唯一無二の価値をもつデジタルデータ」**を意味します。

デジタルデータというと、簡単にコピーしたり改変したりできるものというイメージがありますが、NFTは暗号資産を扱う基盤技術であるブロックチェーン上で発行・取引されるため、データの複製や改ざんは不可能といわれます。

NFTが画期的なのは、イラストや写真、マンガ、音楽といった作品など、**さまざまなデジタルデータを資産として流通させることができるようになったことです。**コピーや改変ができないデジタルデータは「そのデータにしかない価値」をもちます。

唯一無二のデジタルデータであれば、アーティストのファンとして所有する楽しみも大きくなるでしょう。もちろん、アーティストの人気などによって市場で取引される価格が上がったり下がったりするので、投資対象として買ったり保有したりする人もいます。

コピーされやすく収益化しづらかったデジタルアートの世界に、**NFTは新たな市場を生み出した**のです。

お答えしましょう！

デジタルデータに「所有する価値」をもたせ、新たな取引市場を誕生させているためです。

■NFTの可能性

デジタルアートをはじめ、トレーディングカードやゲーム、コンサートチケットやホテルの会員権など、さまざまな分野でNFTの利用が広まっている。

KEYWORD

NFT …… 偽造不可能な鑑定書・所有証明書付きのデジタルデータのことで、言い換えれば世界にひとつだけのデジタル資産のこと。仮想通貨と同様に、ブロックチェーン上で発行および取引される。

お金の現在と未来 4

ChatGPTに代表される生成AIの可能性は？

POINT
3カ月で数十倍から100倍というスピードで進化する。

投資の仕事もAIに取って代わられる

ChatGPTをはじめとする生成AIの普及は、社会にダイナミックな影響をもたらすと思います。

およそ地球上にあるさまざまな問題について、すでに議論されているものであれば、答えをすぐに出してくれるのがChatGPTです。

私がChatGPT登場初期にさまざまな質問をしてみて感じたのは、その答えの内容が「各界の『中の上』以上の専門家レベル」だということです。これほどの能力をもつ生成AIがさまざまなかたちで利用されていくとなれば、世の中の多くの業務はどんどん短縮化・省力化していくでしょう。私がしている投資の仕事も、一部は遠からずAIに取って代わられるのではないかと思います。

初代iPhoneが発売されたのは2007年のことですが、以後10年以上にわたり、スマホの進化と普及は世界経済を牽引してきました。しかし、世界でスマホの普及率が高まって経済成長を牽引する力がかつてほどではなくなるなか、コロナ禍が世界を襲い、経済に停滞感が広まっていたように思います。

そうしたタイミングで登場してきたのが、生成AIなのです。注目されるのはその進化のスピードで、3カ月で数十倍から100倍、1年で1000倍といった速度で進化するのではないかと思います。そのインパクトはメガトン級といってよく、おそらく**今後10年ほどは生成AIの進化と普及が世界経済を引っ張っていくでしょう。**

お答えしましょう!

メガトン級のインパクトをもたらす生成AIは、向こう10年の世界経済を牽引するでしょう。

■普及する生成AI

コンテンツを作成できる生成AIは、ビジネスの世界はもちろん、投資の世界まで遠からずさまざまな場面で活用されていくだろう。

KEYWORD

生成AI……ジェネレーティブＡＩとも呼ばれる人工知能のことで、学習データから新たな文章・画像・動画・音楽・デザインなどを作成できる。

DX投資に対する優遇措置が設けられたのはなぜですか？

POINT
DX投資は、日本企業の生き残りをかけたもの。

人が料理を運ぶ飲食店は将来、高級店に限られる？

2021年、DX投資促進税制が新設され、23年には25年3月末までの延長も決定しました。**国が税の優遇措置を設けてまで企業のDX化を推進する背景には、日本の深刻な労働力不足があります。**

少子高齢化が進む日本では、労働力不足が今後改善することは期待できません。これまでは、女性の社会参加率の上昇、そして高齢者の社会参加率の上昇によって、少子高齢化に伴う労働力不足に対処することができました。しかし、女性と高齢者の社会参加が進み、参加率のこれ以上の上昇が望みにくくなったことで、労働力不足が顕著になったわけです。さらに円安が進んで外国人労働者が減ったことが、問題の深刻化に拍車をかけています。

企業がこれに対処するには、**給料を上げて従業員を確保するか、DX化によりロボット導入などを推し進めて省力化を図るか**のどちらかです。

すでにファミリーレストランなどでは配膳ロボットが稼働していますが、近い将来、人が料理を運ぶ飲食店は、ある程度の高級店に限られるようになるでしょう。たとえば牛丼チェーン店であれば、調理から配膳、食器洗浄まで店舗全体を自動化しなければ、牛丼1杯500円程度の価格は維持できないかもしれません。

労働力不足を背景に、**今後DX関連の投資は急激に増える**はずです。それは日本の企業が生き残りをかけた投資にほかなりません。

お答えしましょう!

日本の深刻な労働力不足を背景に、企業のDX化を国が積極的に推進しているからです。

■DXが進むファミリーレストラン

お待たせいたしました
ご注文ありがとうございます
通してください

配膳ロボットをはじめ、デジタルメニューブックやセルフレジなどが多くの店舗で導入されている。

KEYWORD

DX……デジタルトランスフォーメーション。デジタル技術やデータを活用して、社会や生活をよりよいものへと変革させること、またビジネスモデルをはじめ業務や組織などに変革をもたらすことをいう。

おわりに

本編でも少しふれましたが、この本の監修作業をしているいま、世界ではChatGPTなどの生成型AIが注目を集めています。私が生業《なりわい》としてきた資産運用業の世界でも、生成型AIの進化がこれから大きな影響をもたらすことは間違いないと思います。株式投資では、短期的な会社の業績予想で人間が勝てる余地が減っていくでしょう。

これは一見、資産運用業界の人にとって厳しい話に思えるかもしれませんが、私はこれからやってくる世界にワクワクしています。**「運用者として、生成型AIにはない付加価値をどう出していくか」**を真剣に考えたとき、これからは私たちがおこなう投資の意義をより高められると確信したからです。

日先の予測では、たしかに人間はAIには勝てません。しかし、10年後の未来を予測することや、予測した未来の選択肢のなかから「あるべき未来」を選び、それを実現するために投資をしていくことは、人間にしかできないのではないだろうかと思います。つまり、**投資によって社会に変化を促し、ありたい未来に向けて社会を前進させていくこと。**それこそが、私がＡＩ時代に提供できる付加価値だと考えたのです。

もちろん、ＡＩなどの最先端のテクノロジーも積極的に活用していくつもりです。ＡＩの登場は歓迎すべきことであり、つねに先端テクノロジーを使いこなして運用の効率化を図り、より創造力あふれる運用者になるべきだと考えています。生成型ＡＩの登場による社会変化をとらえ、自分たちのあり方を創造的に変化させていきたいのです。

最後にこのようなことをお伝えしたのは、みなさんにもぜひ**時代の変化を楽しんでいってほしい**からです。「はじめに」で「デフレからインフレへと時代の転換点を迎える」とお伝えしましたが、そのような変化も、みなさん自身の心持ちや考え方、やり方ひとつで「歓迎すべきポジティブな変化」になりえます。ぜひ一緒に明るい未来に向かって進んでいきましょう。

藤野英人

【さ行】

【た行】

索引

●参考文献

『お金を話そう。』藤野英人／弘文堂
『さらば、GG 資本主義』藤野英人／光文社新書
『14 歳の自分に伝えたい「お金の話」』藤野英人／マガジンハウス
『人生 100 年時代のらくちん投資』中野晴啓・渋澤健・藤野英人／日経ビジネス人文庫
『投資家が「お金」よりも大切にしていること』藤野英人／星海社新書
『投資家みたいに生きろ』藤野英人／ダイヤモンド社
『投資バカの思考法』藤野英人／ SB クリエイティブ
『投資レジェンドが教えるヤバい会社』藤野英人／日経ビジネス人文庫
『ビジネスに役立つ「商売の日本史」講義』藤野英人／ PHP ビジネス新書

●スタッフ

構成：武内孝夫
カバー・本文イラスト：加納徳博
カバー・本文デザイン：山之口正和＋齋藤友貴（OKIKATA）
DTP：株式会社ディアグルーヴ
編集協力：渡邉秀樹
校正：株式会社聚珍社

監修者：藤野英人（ふじの・ひでと）
投資家、レオス・キャピタルワークス株式会社代表取締役会長兼社長 CEO&CIO。1966年富山県生まれ。国内・外資大手投資運用会社でファンドマネージャーを歴任後、2003年に独立しレオス・キャピタルワークス株式会社を創業。とくに中小型株および成長株の運用経験が長い。「お金」や「投資」を通して、株式会社や日本社会、世界経済のあるべき姿を模索し続けている。教育にも注力しており、東京理科大学上席特任教授、叡啓大学客員教授、淑徳大学地域創生学部客員教授も務める。
著書に『投資家が「お金」よりも大切にしていること』（星海社新書）、『投資家みたいに生きろ』（ダイヤモンド社）ほか多数。

どうしたら貯められますか？　将来の不安がなくなりますか？
お金の基本について藤野英人先生に聞いてみた
2023年11月14日　第1刷発行

監修者	藤野英人
発行人	土屋　徹
編集人	滝口勝弘
編集担当	神山光伸
発行所	株式会社Gakken 〒141-8416 東京都品川区西五反田2-11-8
印刷所	中央精版印刷株式会社

●この本に関する各種お問い合わせ先
・本の内容については、下記サイトのお問い合わせフォームよりお願いします。
https://www.corp-gakken.co.jp/contact/
・在庫については　Tel 03-6431-1201（販売部）
・不良品（落丁、乱丁）については　Tel 0570-000577
学研業務センター　〒354-0045 埼玉県入間郡三芳町上富279-1
・上記以外のお問い合わせは　Tel 0570-056-710（学研グループ総合案内）